地方自治ジャーナルブックレ

地方公務員給与は高いのか

非正規職員の正規化をめざして

著
高寄 昇三・山本 正憲

公人の友社

目　次

　　はしがき………………………………………………………………　3

Ⅰ　地方公務員受難の時代（高寄）……………………………………　5
　　1　容認できない地方公務員バッシング……………………………　6
　　2　ラス指数論争の系譜………………………………………………　13
　　3　政府の自治体給与介入の背景……………………………………　21

Ⅱ　地方公務員給与の実態（山本）……………………………………　33
　　1　地方公務員給与の推移……………………………………………　34
　　2　地方公務員職種の類型……………………………………………　37
　　3　地方公務員給与の運用……………………………………………　39

Ⅲ　地方公務員給与の水準（山本）……………………………………　43
　　1　官民格差の実態……………………………………………………　44
　　2　非常勤職員の実態…………………………………………………　51
　　3　外部方式の実態……………………………………………………　56
　　4　再雇用格差の実態…………………………………………………　59

Ⅳ　地方公務員給与の適正化（高寄）…………………………………　71
　　1　自治体経営と給与カット…………………………………………　72
　　2　非常勤職員正規化と外部公募人事………………………………　77
　　3　給与体系・人事評価の再編成……………………………………　84

はしがき

　地方公務員給与への社会風潮は、近年、ますます厳しくなりつつある。従来の財源優先の給与カットから、昨今は、政治優先のカットが、強行されつつある。
　しかも給与カットは、現行の公務員法・給与原則・労使交渉などのルールを無視し、はじめに給与削減ありきで、給与体系・水準は、どうあるべきかという、政策論議は、欠落したままである。
　第1の検討課題は、一般世論は、民間企業では、給与カット・人員整理が、当たり前で、公務員給与は、民間の犠牲のうえに、高給をむさぼっているとの、短絡的批判を浴びている。
　一方、自治体の対応は、民間委託・指定管理者・非常勤職員などの導入で、人件費総枠削減という、対症療法的対応に終始している。要するに給与再編成を、棚上げのままで、不毛の感情論の応酬でしかない。
　第2の検討課題は、新行政経営主義に、洗脳された首長は、さかんに公務員退治をかかげて、自己ＰＲに余念がない。地方公務員に、給与カットで、経済的打撃をあたえ、業務管理強化で、精神的ダメージをくわえて、自らの政治支配力の浸透を図っている。
　地方公務員給与は、財政や政治にもてあそばれ、地方行政サービスの劣化が、すすんでいる。しかも減量経営による、一律削減は、財源対策でしかなく、給与体系への創造的破壊へとはつながらない。
　第3の検討課題は、地方公務員法が定める、給与体系・運営原則は、踏みにじられ、給与人事行政は、漂流しつつある。
　給与行政は、これまで曲がりなりにも、人事院勧告・労使交渉で、給与格差是正・均衡原則の適用などを、目標として運用されてきた。この戦後改革の成果を、解体してしまっては、給与改革は、空洞化しかねない。
　第4の検討課題は、給与と人事は連携して、運用されなければ、実質的

な格差是正は、すすまない。かりに職務給的給与体系へ改善しても、人事評価が、未成熟では、職務給の弊害が、かえって大きくなる。給与改革だけが、先行しても、片肺飛行で、必ず失速する。

　第5の検討課題は、給与体系・水準という問題だけでなく、自治体改革の一環としての、給与・人事改革でなければならない。

　たとえば人件費削減のため、非常勤を大幅に導入し、人件費は、削減できたが、官製ワーキングプアーという、差別的雇用を肥大化させ、自治体職員の階層化を、深めていきつつある。

　減量経営による給与削減は、手術（財政赤字）は成功したが、患者（自治体）は死んだに等しい。行政サービスにたずさわるすべての職員が、生き甲斐をもって働き平等に処遇されなければならない。

　自治体経営において、減量経営を克服し、政策経営を遂行し、財政規模が縮小しても、市民サービスが向上する、政策経営の真価を、発揮できるかである。

　本書が、給与再編成論争の参考となれば、幸いである。地方公務員給与に関係する、よりくわしい理論・分析は、高寄昇三『自治体人件費の解剖』（公人の友社、2003）、山本正憲『日本の地方公務員の人件費研究』（ブイツーソリューション、2008）を参照されたい。

　なお政策評価に関係する第1・4章は、高寄が執筆し、実態分析に関係する第2・3章は、山本が執筆したが、実態分析の評価をもふくめて、山本個人の見解であり、所属する職場とは、無関係である。なお出版の配慮をいただいた、公人の友社武内英晴社長に、心から感謝します。

平成25年2月10日

高寄昇三・山本正憲

I　地方公務員受難の時代

I 地方公務員受難の時代

1 容認できない地方公務員バッシング

　近年、地方公務員への風当りは、厳しいが、「単純な公務員バッシングをしても本質的な解決にはなりません。それどころか、公務員のモチベーションを下げ、仕事の能率をさらに悪化させ、結果的には住民自身が損をする結果になってしまいかねません」[1]と、熊谷俊人千葉市長は、疑問を投げかけている。

　平成になり、地方公務員は、まさに冬の時代をむかえている。それでも地方公務員志望はおおく、採用は狭き門であるが、地方公務員の待遇は、これからは悪くなることはあっても、よくなることはない。

　第1に、公務員給与は、財政状況で、決まるという、悪しき慣習が定着しつつある。財政悪化から、北海道夕張市が、実質的な倒産に見舞われ、職員のリストラ、給与大幅削減が実施され、悲惨な状況に陥った。

　この事実は、政府・自治体のみでなく、社会的にも減量経営を、促がすムードをひろげていった。しかし、夕張市が、財政破綻したのは、過度の観光開発事業であるが、産炭地振興という過酷な事業を、弱小市に転嫁した、政府・北海道の責任も大きい。

　さらに破綻を承知で、貸し込んでいった、金融機関への債務を、なんらの棒引きもせず、債務返還をさせるのも、不合理な後始末である。放漫財政の見せしめとして、晒しものにして、果たしてよいのだろうか。

　このような財政再建は、首長・議員の財政運営による失敗、行政改革の怠慢の尻拭いを、なんの責任もない、市民・職員に転嫁する、無責任な対応に、免罪符をあたえるに等しい。無謀な開発投資をした、前首長・先輩職員が、高額退職金をうけとり、優雅な年金生活を、満喫しているのに、現役職員は、給与カットで、塗炭の苦しみを味わっている。

減量化経営は、聞こえがよいが、いわれなき負担を、責任なき職員に、犠牲を強いており、論理的には、給与カットは、筋がとおらない。それでも今後、政府・自治体の借金残高、また社会福祉費の膨張基調をみても、財政好転はのぞめず、給与カットから免れない。

第2に、地方公務員の終身雇用、年功昇進、同一年齢同一賃金といった、「親方日の丸」の状況は、次第に崩壊しつつある。しかし、これらの原則は、今日でも根幹的部分において、維持されているが、次第に原則の変容がみられる。

終身雇用は、給与水準は、抑制されたが、定年までは勤務ができ、再雇用も、保障されている。ただ基幹企業の閉鎖など、税収が激減した市町村では、早期退職が、強行される恐れがある。

自然退職方式の整理では、最低30年はかかる。新規採用を中止しても、支出はあまりへらず、早期退職が、苦渋の選択となり、人員淘汰が行われるだろう。

給与面では、給与体系の昇給幅は、小さくなり、延期もあり、わたりが廃止されると、事実上、昇給額は、おおくはのぞめない。さらに中高年職員への昇給停止など、厳しい状況にさらされる。政府では、55歳以上の国家公務員について、昇給をしない、人事院勧告実施を、受け入れている。

同一年齢同一賃金は、最早、昔の話で、わたりが淘汰され、職務給・職種給が、浸透してくると、学校給食職員と医療専門職が、同一年齢同一賃金という、給与体系は、世間的に通用しなくなる。

第3に、ポストレス時代の到来である。自治体における、管理職ポストの不足は、算術的に歴然としていたが、自治体は、これまで必死で、ポスト創設に精力をかたむけた。外郭団体をつくるなど、懸命の努力をしてきたが、遂に万策つきた感がある。

「おそい昇進」による、長い競争という、人事戦略は、ポストの絶対数の減少で、崩壊した。年功昇進は、財政規模が増加せず、外郭団体整理がすすむと、管理職ポストは少なくなり、ことに上昇志向の強い職員にとっては、

勤労へのモチベーションは、むずかしくなる。

　中央省庁・府県が、人事の行き詰りから、市町村への天下り人事がふえ、また、民間人登用が、首長の人事政策の目玉として、乱用されている。さらに事務事業の外部化は、ポストの減少につながる。自治体は、ポストレス時代に、正面からむきあうべきである。

　給与・ポストの減少だけでなく、市民の苦情・異議など、行政サービスへのクレームは、エスカレートしていき、肉体的疲労だけでなく、精神的負荷もくわわる。さらに市民の住民訴訟・監査請求などで、莫大な損害賠償にそなえて、自治体職員では、損害保険が、ひろがりつつある。

　第4に、自治体にとって、非常に厄介な問題が、給与が減速していく、過程で、どう職員の勤労モチベーションを、鼓舞していくかである。

　自治体行政が、外部批判にさらされ、地方公務員が、弾劾されるのは、平均給与が、1,000万円など、無責任な官民格差が、誇大報道されるからである。さらに行政の本質を、理解せず、公務員の怠慢とか、自治体経営の杜撰さを、指摘するが、同類のことは、民間企業でも、日常的におこっている。

　東日本大震災では、おおくの公務員が、人命救助のため殉職した。それを"本能的モチベーション"として、かたづける論者もいるが、阪神大震災でも、市職員は、自宅の崩壊をかえりみず、役所に駆けつけている。

　公共投資に関係する汚職は、首長・議員のモラルハザードとして、典型的事例であるが、自治体にとっては、もっとも憂慮されるのは、懲戒処分対象の職員不祥事件より、職員の職務への遵法精神の衰退であり、懲戒処分でも、人事管理でも、解決できない難題である。

　今度の国家公務員給与削減に連動した、地方公務員給与削減で、注目をあつめたのが、教員の駆け込み退職である。退職金削減で、約150万円程度の減額となるので、卒業式をまたずに、早期退職教員が続出した。

　世論は、教員のモラルハザードとして、批判的であるが、4月をまたずに、政府の要請どうりに、2・3月という変則適用を、即応して実施した、自治体にも責任はある。もっとも財源増加覚悟で、4月実施の自治体も、少なく

ないが、再任用制度を活用して、混乱を防ぐ方法もあった。いずれにしても、文部科学省の命令は、現場の混乱を、予知しておらず、生徒に深い傷跡を残す、拙い結果となった[2]。

　このような騒動をみるにつけ、自治体行政が、施策選択を誤っていながら、公務員にモラルだけを、強要するのは、施策的には褒められた対応でない。職員のモチベーションは、給与の絶対額ではなく、給与・人事運営における不合理な措置が、精神的に大きなダメージを与える。

　全体の奉仕者という意識は、給与だけでは、浸透しない。また素朴な精神主義だけでも駄目である。まして厳罰主義でも効果はない。公共経済の視点から、公務員のミッションについて、明確な認識を、実務をつうじて、養っていくことである。

　第1に、今日でも、もっとも憂慮されるのは、地方公務員のマイナス志向である。自治体職員は、市民の要望・行政の課題について、「金がない、人が足らない、組織がみとめない、法律の障害がある」など、マイナス思考がつよい。行財政資源と、市民要求とのギャップを、どう克服していか、職員の前傾姿勢が、乏しいことは否めない。

　給与という経済的給付の低下だけでなく、公務員としての精神的プライドも、罵倒され、ずたずたにされて、果たして勤労意欲が、湧くであろうか。公務員改革を、叫ぶ首長が、職員を信頼せず、敵視し、労働マシーンにしかみていない状況で、行政効率が、あげられるはずがない。

　劇場型首長が、激情にかられて、職員管理の厳格化を図っても、勤務規律は保持できても、公務員として地域・市民への献身性が、涵養されることはない。いきすぎた改革として、マイナス効果のほうが大きい。

　生活保護費の削減にしても、給付の選別は、必要であるが、自殺・餓死といった悲劇には、いたらないとしても、子供のいる保護家庭に、極貧の生活を、強いることは、精神的後遺症は免れない。

　公務員は、財源だけの視野狭窄症に陥ることなく、マクロの行財政効果をみる、公共経済的感覚をもつことで、自らのミッションを自覚し、勤労意欲

を保持することができるはずである。
　第2に、企業経営にくらべて、自治体経営へのインセンティブは弱いといわれるが、企業サービスと、行政サービスの相違を、十分に認識しなければ、よい行政サービスも提供できない。
　自治体の運営メカニズムと、企業運営メカニズムは異質である。「公務員の給料は自身の役所の業績とは関係ないところで決まる」[3]、「会社の存続・発展が自分たちの生活に直結するという、民間企業における求心力の根源である理論が公務員にないことはさまざまな弊害をもたらしています」[4]といわれている。
　しかし、自治体経営は、マクロの財政状況とは、無関係である。生活保護を削減して、財政黒字となっても、市民サービスでみた、実質的経営収支は、赤字である。要するに財政状況だけで、行政の内容・水準が拙速的に決定されてはならないのである。
　公務員の勤労意欲は、給与もあるが、地域社会を、ささえている自負心に依存している。それ故に公務員給与は、法律・人事機関・首長・議会・組合によって、守られているのである。
　ただ理由もなく、給与削減されれば、勤労意欲にマイナスの効果が、及ぶことは必至で、行政の劣化という事態になる。首長が、財源主義で給与を大幅にカットするのは、職員との信頼関係を破ることで、職員のモラルハザードを、非難してもはじまらないのである。
　第3に、給与・人事行政における戦略である。事実自治体は、給与がさがり、昇進見込みがなく、しかも労働強化という、四面楚歌の状況で、一般職員の勤労モチベーションを、どう高めていくかという、難問に直面している。
　行政改革で、よりおおくの権限・財源を、現場に配分し、事務事業改善とか、現行制度の見直しなど、創造的業務に関与できる、機会を多く提供していくことで、勤労意欲の培養はできる。
　また経済的給付がすべてでない、専門職員として、誇りをもてる職種を創設し、在職中の経験をいかして、退職後も、地域社会に貢献できる、知識を

蓄積する機会を、おおくすることである。

　さらに人材育成を強化し、外部への転職が、容易となる状況をつくりだすべきで、中途、退職者の退職金を、優遇するなど、人材供給源としても、自治体の役割を、評価しなければならない。

　第4に、市民的合理性にあふれる、行政報告書だけでなく、マスコミ報道もふくめて、外部情報を、よりおおく職員に、注入していくのが、職員意識改革へのベストの対応である。

　給与分析も、情報公開をすすめ、ことに人事委員会の給与調査は、技能労務職の給与実態も、ふくめて公表すべきである。

　官庁報告では、限界があるので、外部監査法人・調査機関を活用し、具体的な給与情報を、作成・公表すべきである。行政広報で、給与情報として、初任給与・平均給与が、掲載されているが、不親切な情報提供である。

　広報とは別に、具体的で説得性があり、市民にも興味がもて、給与分析・解説のある報告を、作成・開示すべきである。たとえば技能労務職で、どの職種で、何名採用され、10年後の給与はいくらか。また非常勤職員と正規職員との給与格差はいくらなどの、情報開示である。

　このことは給与だけでなく、行政情報全般にいえることである。この点、日本の行政報告書は．無味乾燥であり、当該機関そのものが、無駄の制度化との批判は免れない。自治体の病巣・恥部をも、摘出して、市民もふくめて、対策を論議する姿勢を、首長が貫く決意があるかである。

　第5に、政策経営をめざすならば、内部告発といった、単発的匿名的行為でなく、組織的システム的な対応をなくすべきである。たとえばサービス超勤の是正など、悪しき慣習であり、容認すべきでない。ましてセクションで、支給率に格差があるのは、平等原則に反する。

　職員のモラルハザードが、指摘されるが、懲戒処分という制裁だけでなく、日常的勤務をつうじて、市民的理性で、課題の克服に、自己努力する、勤務環境を、つくりだすしかない。

　最終的には公務員意識の問題で、「自分のやっている仕事に自信があれば、

I　地方公務員受難の時代

どんなクレームが来ても怖くないはずです。だからもっと市の職員には胸を張って、自分の業績をアピールしてもらいたいし、何かと卑屈になって自己批判するのでなく、前向きな『自己反省』をしてもらいたい」[5]と、職員を励ましている。そのような給与・人事行政の環境整備が、必須条件である。

2　ラス指数論争の系譜

　地方公務員給与は、首長の減量経営的一律削減で、近年、下降を加速化させている。さらに政府は、交付税削減で、一段の給与カットを、自治体に迫っている。まず地方公務員給与は、どうなっているのか、全国ベースで実態をみてみる。

　第1に、ラスパイレス指数は、昭和50年度110.4から、平成15年度100.1と、28年かけて、やっと官公均衡が、達成できた。給与是正が、いかに長期をようするかを、実証する数値である。それ以降は、平成23年98.9と、8年間で1.2ポイントの低下に過ぎない。

　第2に、給与格差をみると、23年で民間39万6,824円、国家公務員40万9,644円（平均年齢42.5）、地方公務員38万3,839円（平均年齢42.8）で、地方公務員は、民間対比で1万2,985円低く、国家公務員より2万5,805円低い。

　第3に、人件費総額は、平成13年度決算26.8兆円、22年度23.5兆円で、10年間で約3.3兆円の減少である。しかし、この間、事務事業廃止、施設の民営化、外部委託、職員の非常勤化などでの削減措置で、人件費が、事業費・委託費に、ふりかわっている。

　したがって正味の削減額は、それほど多くない。行政改革といっても、新規採用職員を抑制し、退職者との差で、減員を図っていき、不足は非常勤で補填する、気の長くなる、長期戦略が、踏襲されている。

　第4に、公務員数をみると、平成22年度242.1万人、13年度267.0万人、9年間で24.9万人減である。しかし、13年度職員数を基準で、職種別にみると、22年警察109.9、消防102.6、教育88.2、一般行政職83.1、平均88.9％である。

I 地方公務員受難の時代

　正規職員の非常勤化がむずかしい、警察官が、高い伸びであり、非常勤化が、容易な一般行政職が、もっとも減少率が大きい。このことは、正規職員の減少分を、非常勤職員で補填していることを、立証している。
　第5に、地方公務員の平均給料月額をみると、全地方団体で、22年度33万5,312円、13年度36万192円から、2万4,880円の減少である。注目されるのは、地方団体間で、「公公格差」が、ほとんどないことである。[6]
　ここ10年間の推移をみても、地方公務員給与の劇的な減少はみられず、自治体の給与削減は、生ぬるいという批判は、甘受しなければならない。さらに数値だけでなく、施策的にみて、給与改善は、昇給延伸・わたり是正・諸手当廃止・退職者圧縮など、さまざまの分野で、小刻みに実施されているだけで、外部からみれば、歯がゆい限りである。
　しかし、生活保護・介護保険・健康保険など、福祉サービスの膨張をみても、地方行政の事務事業増大は激しく、この過程での抑制という、背景を考えれば、まずまずの成果である。
　それでも給与削減への強硬派の勢力が、台頭しつつあるが、公務員給与運営は、どのような行政政治力学の影響のもとで、行われているのかみてみる。
　第1の主導力は、人事院（人事委員会）などの行政中立・専門機関である。地方公務員法の原則にそって、人事院勧告を遵守していく、専門機関で、公務員給与水準を、維持する方式で、給与法定主義でもある。
　現行制度は、地方公務員の給与は、中立性のある行政機関の勧告を、ベースにして、労使交渉で、決定する原則が定められているが、現実は、この原則が、必ずしも遵守されていない。しかし、格差是正をめざす、勧告方式が、現実妥当性を、欠く点もみられるが、まったく無視をして、給与削減は、やがて無政府状況になりかねない。
　この勧告方式は、組合の攻勢にさらされた、首長サイドが、防御壁として構築していった歴史的所産であり、昨今、首長が、財源主義から、ルール破りをやっているが、適正な給与体系の形成をも、阻害しかねない。
　第2の主導力は、労働組合であり、地方公務員では、いわゆる自治労・

各自治体の労働組合である。高度成長期、官民格差は、民間給与の上昇で、地方公務員給与との格差は、民間優位に展開していった。

　そのため労働組合は、組合交渉をつうじて、ベースアップをかちとり、官民格差是正がすすんだ。ただ給与改訂過程で、組合員の構成からみて、職務給的給与は、無視され、上薄下厚の運用がなされた。

　さらに組合は、職務給体系の形骸化をもたらす、"わたり"などにくわえて、退職金・手当などの積み上げによって、大幅な給与獲得に成功した。生活給の維持という、運動目的をこえて、組合員の賃金獲得を、突出させた。

　肥大し歪められた給与体系と、市民感情の亀裂は、極限にまでふくらみ、昭和50年の地方公務員退職金への弾劾運動に発展した。このような社会情勢を、政府は、見逃がすはずはなく、特別交付税削減という、強権的発動で反転攻勢に転じ、労働組合は、完敗をきした。組合は、今日まで、この負い目を、精神的後遺症としてひきずっている。

　第3の主導力は、外部勢力としての、市民・マスコミである。市民主導の公務員給与適正運用論で、ヤミ給与・駆け込み退職金・"わたり"などの、違法・不当・脱法的な措置を摘出していった。

　市民運動自体は、実効性のある効果は、少なかったが、マスコミもくわわり、杜撰な地方公務員給与の運用批判は、政府の地方給与への介入を、容易とした。それだけでなく、自治体内部における、首長・組合の力関係を、逆転させていった。

　第4の主導力は、首長・執行部の財源主義であり、中央省庁の対応も、基本的にはおなじである。人事院方式の均衡理論より、ラスパイレス指数重視の比較論にもとづく、給与総量抑制主義である。

　首長は、組合運動におされて、賃金引上要求に、苦境に立たされたが、市民運動による給与批判・政府の地方給与への介入という、援護射撃をうけて、組合への遠慮はなくなった。自治体における給与施策の潮目は、財源主義による、給与削減へと逆流していった。

　安定成長期にはいり、財源問題が、深刻化してくると、首長による財源主

義が、浸透したが、組合サイドの抵抗は、弱体化しており、首長は、削減という果実獲得をめざす、攻勢を強めている。しかし、財源主義は、政策的には幼稚な欠陥施策である。

　第1に、財源主義による給与削減は、一律削減と減量経営が、戦略方針で、政策・理念なき減量化で、要するに「ない袖はふれぬ」という理屈で、給与体系の歪みを、拡大再生産している。

　財源主義は、ある意味では、自治体の政策的貧困であり、行政経営の劣化が、うみだす症状であり、方法論としても、予算編成時の泥縄式処理で、褒められた行政対応ではない。

　第2に、削減対象としては、社会事業費は不可能で、のこされた人件費縮小しか、財政均衡の途は、なくなっている。人件費は、ラス指数低下で、ようやく指数100に到達した。

　しかし、財源主義では、目標設定がなく、泥沼の減量化になりかねない。実際、政府の給与カットで、地方公務員給与は、さらなるラス指数低下をめざす、窮地に立たされた。

　第3に、財源主義の給与削減は、基本的には総量規制であるため、行政サービスの民営化・委託化、さらには非常勤職員などの活用も有効である。結果として、給与総額は、圧縮されるので、削減の外圧もよわまり、給与削減は緩慢である。無視できないのが、民間・非常勤方式といった、新しい行財政課題を、はらみつつあるが、放置したままである。[7]

　第5の主導力は、政党であり、財源主義とは、異質の政治主導型削減で、給与行政の閉塞感を打開する、動きが加速化している。

　第1に、公務員性悪説であり、公務員いじめという、社会的風潮に、便乗した対応である。典型的事例が、橋下政治の流儀で、大阪府知事になったとき、「大阪府は破産会社である」と威嚇し、公務員の優遇ぶりを、世論に訴えた。

　民間企業では、即時首切りも、辞さないが、公務員は、ぬるま湯につかっていると、職員に喝をいれた。しかし、赤字民間企業でも、即首切りとはなら

ない、勧奨退職者を募り、円満解決が原則である。サービス残業までしている、職員にしてみれば、憤懣やるかたない、心情であろう。

　第2に、公務員給与削減は、不況に喘ぐ、市民の喝采を浴びるので、政治的優位を確保したい、首長にとっては、格好のターゲットと化した。この民衆の不満を、背景にすれば、賃金カットは、きわめて容易であった。

　さらに自からの行財政・政治施策への批判を、感情的に麻痺させ、本来の政策的論議を拒否し、感覚的改革へと、民意を誘導する効果を秘めている。

　政府も同様で、震災復興の財源として、国家公務員の給与カットを、実施したが、復興という錦の御旗をかかげ、組合の抵抗を、封じこめた。要するに外圧を利用し、"熟議なき改革"である。

　第3に、給与の大幅な削減である。激変緩和とか、均衡原則などは、不公平是正といった点に、おかまいなしに、一律削減の大幅カットである。他府県と比較して、大阪府の財政状況は、それほど赤字でないが、大阪府の職員給与は、大幅カットで、ラスパイレス指数で、全国最低水準に陥落した。

　行政の激変緩和という点からみると、この年、退職した職員は、退職金の激減で、大きなダメージをうけたが、民間企業では、破産していても、退職金などでないという理屈である。このような強権的発動は、昨今の警戒すべき兆候で、政府（自民党）の地方交付税カットを、容易にした。

　地方公務員給与を、再編成するには、今一度、原点に回帰して、改革の図式を、再度、設計するしかない。戦後、地方公務員の給与は、波瀾万丈の経過をたどって、現在の給与水準・システム・運用原則に、収斂していった。

　すなわち「均衡の原則」で、この原則を、破壊するのは、容易としても、創造的破壊として、新しい体系・基準・システムを、提示する責務がある。

　第1に、戦後の混乱期、争議権は、職種によって差はあるが、給与は、団体交渉での決定が、民主主義改革として、法制化された。この時期、給与改革の一環として、国の給与体系が、決定されたが、「国に準じる」（「国公準拠」）という、内務次官通牒がだされている。[8]

　第2に、戦後、労働運動の過激化に対応して、団体交渉での決定でなく、

中立的な人事機関が、決定する方針に変更された。それでも事実上、団体交渉による、給与交渉が行われた。

第3に、昭和23年、人事院が創設され、人事院勧告制度が、発足したが、勧告は、財政状況から、しばしば無視・留保された。財源主義による、政府（大蔵省）との対立は、制度創設時から、底流としてあった。

第4に、戦後の混乱期をへて、昭和22年「国家公務員法」が設定され、「情勢適応の原則」「職務給の原則」「給与法定主義」が、決定された。なお「地方公務員法」の制定は、昭和25年とおくれている。

第5に、高度成長期には、人事院勧告制度で、「官民均衡にもとづく労使交渉」が、定着していったが。自治体内部では、職務給におうじた部内均衡と、生活給におうじた部内均衡が、対立した。

しかし、単純な官民均衡は、好景気には、民間と競り合う形で、賃金が上昇し、不景気には賃金が、下方硬直化する。変動を利用して好景気に採用人員を抑制し、不景気に採用人員を拡大するのが、自治体の卓抜した人事政策である。雇用状況の激変緩和に貢献し、しかも優秀な職員を採用できる。しかし、自治体には、このような高次の人事・給与政策はなく、景気変動に翻弄されるままであった。

第6に、昭和50年代にはいり、地方財政悪化が、顕在化するなかで、ヤミ給与・高額退職金などの脱法的利益獲得に対する、市民運動を誘発し、次第に中央統制による、自治体給与への、締め付けが浸透した。

内政介入といっても、不合理性は、自治体にあるので、介入の阻止は、無理であった。自治省は、プラスアルファー分などを、特別交付税で削減し、中央の財政論理を、押し付けてきた。

地方の論理と対立したが、地方の論理といっても、労働者の論理でしかない。住民の論理では、不当なボーナスを払わされ、交付税カットで、二重の損を、被ったことになる。

第7に、平成期になると、地方公務員給与削減の傾向は、執行部主導で、ラスパイレス指数抑制・特別給付カットという形で、総量抑制が定着して

いった。従来の年功序列式賃金は、"わたり"整理などすすみ、地方自治体は、自律的ガバナビリティを、回復していった。

地方公務員の給与は、戦後改革の歴史的産物であり、かなり合理性をもったシステムである。それは均衡の原則・法定主義といった、運用原理でもある。この原則の適用は、基本的には、労使交渉で、決定されるが、実際、制度の意図どおりには、運用されなかった。

しかし、労使交渉による賃金決定は、いわば普遍の原理で、争議権も、協定権の付与もせず、財源主義での給与カットは、理不尽な措置である。せめて人事院勧告の尊重という、政治配慮があり、科学的合理的な数値を、ベースとして、民主的な給与運用をなす、行政姿勢を、政府・自治体は、遵守すべきである。

政治・世論といった、時流を背景にした、力による決定は、国・地方関係にしこりを、残すだけである。このような政策論議をぬきにした、行財政課題の処理は、日本の経済政策をみても、赤字国債による景気刺激という、陳腐な施策の注入となり、長期不況の元凶と化している。

政策決定をどうするか、熟議ある論争をへて、結論へ到達するメカニズムの形成が、結果より重要である。地方公務員の給与決定をめぐる、メカニズム（**図1参照**）をみると、第1に、首長主導による財源主義にもとづく、財政運営優先主義である。人事院方式の均衡理論より、ラスパイレス指数重視の比較論である。基本的には公務員給与総量抑制主義である。近年、政党主導という、過激派の台頭がみられる。

第2に、組合主義による、生活給主義で、労使交渉の原則にそって、公務員給与水準を、維持する方式である。管理職は、非組合員であるので、上下格差のすくない、給与体系をめざし、給与拡大至上主義の追求であるため、財源主義・市民主義との対立が発生する。

第3に、人事専門機関は、組合による生活給の要求（総量拡大主義）、首長（政府）による職務給の要求（総量削減主義）が対立するが、この対立構図を、牽制する機関である。

I 地方公務員受難の時代

　第4に、市民主導の公務員給与適正論である。給与をめぐる、違法・不当・脱法的な措置に対する、市民統制である。マスコミの世論操作もあり、首長・組合などへの影響力は、無視できない。問題は、熟議がなされたかである。

図1　自治体における給与決定要素

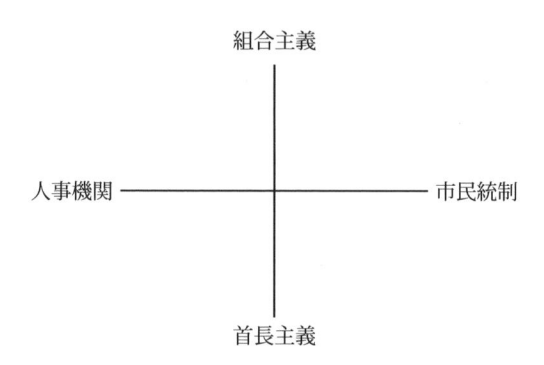

```
              組合主義
               │
               │
  人事機関─────┼─────市民統制
               │
               │
              首長主義
```

3　政府の自治体給与介入の背景

　戦後、地方公務員の給与は、妥協の産物であったが、民間と比較するとき、職階制を形骸化し、上下格差の小さい給与体系となった。さらに"わたり"の乱用で、上下格差消滅が、決定的となった。結果として、日本的風土のもとでは、年功序列賃金となり、同一年齢同一賃金へと、変貌していった。

　近年の動きは、年功序列型賃金方式への反動がみられるが、さりとて職務給給与は、形成されておらず、政治だけが優先される、憂慮すべき状況である。公務員給与引下げが、民間給与の切り下げに連動し、日本経済の景気回復の足を、引っ張るという、マクロ経済論は、眼中にない。

　デフレ経済のもとで、均衡原理の適用は、次第に喪失し、生活給までが、脅かされる状況では、職務給も説得力をうしない、地方公務員給与の運用も、見直が迫られいる。

　第1に、人事院・人事委員会の民間給与実態調査は、官民均衡の給与基準設定という、原則が形骸化しつつある。人事委員会の勧告は、100人企業、50人事業所が、調査の対象となっているが、この基準に疑問を挟む余地が、きわめて多いであろう。

　極端な事例では、東京都という巨大自治体は、三菱UFJ・三井住友銀行といった、メガバンクと比較すべきで50人の中小企業と、比較すべきでないともいえる。そもそもどこと比較するのかとの、コンセンサスが、形成されていない。

　もっとも自治体が、小規模事業所との比較をこころみたが、担当者がまったくいない、課長・部長がおおく、比較になじまないという結果が、報告されている。どこに均衡比較の基準をおくかである。

　第2に、地方公務員といっても、職種・職階などによってさまざまで、

21

I　地方公務員受難の時代

一般行政職と、技能労務職とでは、官民比較は、大きく異なる。一律対比はできない。常識的な感覚で、官民格差は、一般行政職は1・2割、技能労務職は、3・4割の格差がある。

また一般行政職でも、管理職は、むしろ民間より低いが、事務補助業務の中高年では、民間より3・4割高いであろう。要するに官庁独自の給与体系の歪みが、民間との対比で、浮き彫りされる状況にある。

これまで基本的には、一般行政職だけの、大雑把な調査だけであったが、技能労務職など個別職種賃金について、調査に税務資料を活用して、生活実感を反映した、調査でなければならない。

第3に、給与の上下格差縮小という状況の是正は、短期にはできない。地方公務員の職務給・職種給が、徹底され、給与体系が、多様化されるまで、旧来の給与体系は、大崩れはしないとすると、それでは自治体は、経営体として、立ち行かなくなる。

しかし、だからといって、一律大幅削減という、方法では、矛盾を増殖させるだけで、課題の解決に逆行する、稚拙な対応である。ラス指数をみると、給与水準は、低下しているが、給与体系の改革は、ほとんどみられない、従来の不当措置の淘汰という、後ろ向きの手直しでしかない。[9]

給与体系の改革は、給与・財源問題だけでなく、行政サービスシステムの選択、公務員の勤労意欲、自治体・市民の信頼関係、国・地方の行財政力学、さらに日本経済の構造改革にも、連動する問題であり、長期的な広い視点からの、再編成となる。

官民均衡の原則というが、不況期には公務員給与は、民間より高くなるが、好況期には低いままである。公経済の社会保障・公務員給与などは、景気自働安定（ビルトインスタビライザー）機能をもっており、ある意味では、公共投資より効果は大きい。

したがって首長による急進的改革は、公務員の本音は、従来の給与対策における怠慢を、棚上げにして、過激な減額を断行して、指導者のリーダシップを、誇示するのは、迷惑な話である。

民間企業の経営再建劇をみても、経営者の戦略ミスで、給与の大幅カットに見舞われるが、翌年度には、Ｖ字型回復を遂げる、ケースをよくみかける。株主・企業は、損することなく、長年企業戦士として、会社に貢献してきた、労働者だけが、貧乏くじを、引かされている。

　一定の改革方針にそって、持続改革がのぞましい。人事・給与改革は、30 年の継続事業で、一定の再編成ビジョンで、持続的な遂行が、理想で効果も大きい。実際の給与は、情勢適応の原則のみが、過敏かつ強引に適用されている。

　国・地方の官公格差も、基本的には、地方は国に、ストレートにあわせる、義務はないが、このような自治自律理論は、理屈として、相手にされるはずもない。東日本震災復興財源の調達のため、政府は、国家公務員給与平均 7.8％カットを実施したので、国・地方のラス指数が、逆転した。

　政府は、地方公務員給与も、国家公務員給与まで、引き下げるよう要請し、25 年度地方交付税 4,000 億円をカットした。年度どおりでは 4 月からでは、6,000 億円であるが、自治体の条例改正などの準備もあり、7 月実施で、調整した結果である。

　これまでの経過をみると、政府は、昨年「国家公務員の給与削減支給措置について」（平成 23 年 6 月 3 日閣議決定）で、室長以上 10％減、課長補佐・係長相当 8％減、係員 5％減で、平均 7.8％減をうちだした。

　この結果、ラス指数でみた、国・地方の給与水準は、23 年度地方 98.9 で、約 6.7 ポイント、約 8 割の地方公共団体が、国を上回ることになる。[10]政府が、急に自己の財政事情で、給与状況を激変させ、地方も右へならえという、理屈は横暴な命令である。

　政府は、給与対策を放置し、一気に削減したが、自治体は、その間、辛抱づよく、ラス指数を、持続的に低下させてきた。政府が、どれだけ減量化の成果をあげたが、疑問である。ラス指数だけで、地方財政に文句をつけるのは、説得性のある根拠はない。

　だがこの給与逆転をふまえて、第 1 に、まず財務省が、地方財政攻撃の

I　地方公務員受難の時代

口火をきった。政令都市で、もっとも高い横浜市は、国より12.2％も高くなり、単純に平均した給与額（期末手当除く）は、国家公務員月約37万円に対して、地方公務員は、月約42万円になると指摘している。

　しかも消費税が、15年10月に5％上がると、地方には1.54％が、自治体に移譲される。地方も「身をきる改革」が必要と、決断を促がしている。[11]

　第2に、政府内部では、人事院勧告は、0.23％で、政府執行部の7.8％と、かなりの落差がある。江利川人事院総裁は、国家公務員の労働基本権を、縛る見返りとして、人事院勧告であり、人事院勧告無視は、「憲法上の責務違反」と、政府姿勢を批判している。

　しかし、政府（民主党）の意見は、「人事院総裁が口を出す権限ではない」と、人事院を厳しく批判し、人事院廃止論まででた。[12]要するに政府は、給与カットの特別法を、制定すれば、問題はなく、あくまで震災復興財源調達のための、臨時措置としている。

　赤字国債発行と、同じ論理であるが、原理原則を逸脱し、財政の論理だけで、問題を処理すると、大きな禍根を残す。実際、赤字国債は、公共投資の垂れ流しで、財政赤字を増殖して、しかも日本経済は、デフレに喘いでいる。企業の新産業創出・国際競争力強化という、経済体質を強化せず、公費のカンフル注射だけで、経済が成長するはずがない。

　人事院の調査は、7.8％カットで、国家公務員行政職（平均年齢42.8）の平均月給37万2,906円となり、民間を7.67％（2万8,610円）下回ることになる。引下げ前は、民間を0.07％(273円)上回っていた。

　第3に、この事態をうけて、平成25年1月15日、国・地方の協議がひらかれた。麻生財務大臣は、地方公務員給与6,000億円の削減を要請し、地方交付税圧縮方針を示した。

　しかし、石井富山県知事（全国知事会地方税財政常任委員会長）は、「地方は国に先んじて行政改革を行ってきた。今さら国に給与削減してくれと言われる筋合いはない」「給与削減のため地方交付税を削減するというのはあまりにもひどい。仮に給与を削減したとしても削減分は地方の活性化や防災

対策に充てるべきだ」[13]と批判している。

　麻生財務大臣は、「国を上回る地方公務員の給与を地方交付税で保障するのは、国民の理解を得られない」[14]と、強硬姿勢である。しかし、山田啓二全国知事会会長（京都府知事）は、「地方公務員の給与問題を、国の財源調整の手段と思っている」[15]と、憤慨している。

　徳永秀昭自治労委員長は、「地方経済を冷え込ませ、デフレ脱却を目指す政権の目標とも矛盾する」[16]と反発し、地方自治体の給与は、8年間で2兆円減っている。「これ以上の安易な削減は認められない」[17]と、反対の姿勢である。

　自治体の反発がきついのは、黒岩神奈川県知事が、「国家公務員はようやく人件費削減を実施したばかりで、地方より遅れている」[18]というように、削減への自己努力の実績があるからである。

　たしかにこの度の給与カットで、政府のラス指数は、地方より低くなったが、地方が努力している間、ほとんどなんらの努力もせず、急に大幅カットを強行し、唐突に地方も、みならえと強要している。しかし、民間企業でも、それぞれの経営事情があり、給与施策は、一律でない。

　これでは地方自治の自主性は、なきに等しい。公債残高からみれば、政府は、夕張市なみで、ラス指数は、10ポイント低くて当然という、地方の理屈にも、言い分がある。せめて激変緩和で、交付税1,000億円カットが、妥当な水準である。

　第4に、国の削減は、2年間の臨時的なもので、今後、給与体系の変更をめざす、制度的改革となるのか、たしかでない。現に湯崎広島県知事は、「緊急的なカットをもって『地方の方が高い』という主張は、財務省の情報操作だ」[19]と反論している。

　政府としても、国家公務員カットは、民主党政権が、公務員に労使交渉で「協約締結権」を与える、姿勢を示唆してきた背景がある。かりに政権がかわったとしても、無視できない要素で、しかも臨時的措置という、弱みもある。

　労働組合サイドとしては、「協約締結権」は、あっさりと反故にされ、さ

Ⅰ　地方公務員受難の時代

らに給与削減となれば、まさに踏んだり蹴ったりである。現職公務員241人と「官公労連」が、人事院勧告に、もとづかない給与削減は、憲法違反として、政府を訴えているのは、当然である。

　第5に、地方財政視点からみると、地方財政法第2条第2項は、政府は「いやしくもその自律性をそこない、又は地方公共団体に負担を転嫁するような施策を行ってはならない」と規定している。

　政府が、地方自治体の財政運営について、強権的財政的介入が、できるのかである。第1に、政府の自治体への介入根拠は、戦後改革で設定された、地方公務員給与は、「国に準じる」という、不文律であった。この原則を、自治体当局は、組合攻勢を、阻止するために利用した。ここに「集権的『均衡』体制の原型」[20]といわれている。

　介入の正当性は、地方財政法第2条で「いやしくも国の政策に反し、又は国の財政若しくは他の地方公共団体の財政に累を及ぼすような施策を行ってはならない」と規定している。

　地方公務員の高い給与水準は、補助事業の執行などに、支障がでる恐れは十分にあり、なんらかの政府介入を、容認する規定といえる。

　第2に、政府が、官公均衡の原則から、自治体の給与水準を、調査・指導することは、異論がないが、政府が、財源調整財源（平衡交付金・地方交付税）の削減で、自治体給与への介入は、昭和26年にあっても、発生している。しかし、地方3団体の反対で、妥協をしているが、結局は削減されている。[21]

　政府としては、補助金・交付税・地方債などの、財源的措置をともなった、強制的介入をせざるをえない。ただ補助金削減は、露骨な制裁となるが、地方債削減では効き目は小さい。割高給与に対する特別交付税削減は、財政的余裕が、あるとして、削減されても、抗弁がむずかしい。[22]

　第3に、交付税削減といっても、かつてのようにプラスアルファー支給団体を、名指しで、特別交付税を削減すれば、政府の越権行為であり、違法性が濃い。しかし、政府が、基準財政需要額の算定において、人件費を、国家公務員なみに算定しても、不当であっても、違法とはいえない。

地方交付税法第3条第3項は、義務的行政の水準維持を求めており、これが遵守されない場合、同法第22条の2第3・4項は、交付税の削減をみとめている。しかし、減額処分には第4項で、当該地方団体の弁明を、聞かなければならない。

割高な人件費が、委任事務の義務的水準を、阻害したとの立証は、困難であり、まして個別団体の弁明を、求めことは事務上、不可能である。結局、政府は、交付税単位費用・補正係数を、いじることで、実質的な財源削減を、図っていくことになる。

第4に、地方交付税の基準財政需要算定において、人件費の単位費用の修正は、政府の専権事項で、違法でもなんでもない。ただ国・地方関係からみて、交付税総額に、大きな影響をおよぼす、算定単位の変更などは、協議・合意が、必要であろう。しかも2年間の特例的措置で、もし2年後、国家公務員給与が、引き上げられると、交付税単位費用も、修正しなければならない、まずいことになる。

結局、政府は、暗黙の合意をえて、ある程度、基準財政需要額の減額で、体面をたもつか、公共投資の財政需要額を増額して、総額は保障するなどの措置をとることになった。

ただ理屈からいえば、2年間は、交付税の地方公務員給与の引き下げは、ラス指数という、一応、合理性のある基準があり、自治体も、地方公務員の給与水準からみて、のまざるをえない。現状は、このような線で、暗黙の合意が、醸成されつつある。

ただ交付税カットは、政府がかかげる、公共投資型景気対策に、地方財政は、連動して財政出動できないであろう。このような給与削減を、めぐる対応を整理してみる。

第1に、国・地方の財政関係といっても、ラス指数だけの攻防であり、政府・地方の行財政改革の実績まで、踏み込んだ検討はなされていない。政府の強行姿勢に、地方が押し切られた感が深い。

第2に、首長は、昭和50年当時と異なり．人件費削減には、独自に地道

に実施してきた、自負がある。それでもラス指数が、100をこえれば、交付税の単位費用修正に、応じないわけにはいかない。いっそのこと自治体は、非常勤職員を正規化し、ラスパイレス指数を、一気に引き下げる、戦略を、実行するかである。

　第3に、地方サイドの弱点は、政府より厳しい減量経営をやってきたが、行政の乱脈ぶりが、過激派首長の活躍で、意図的にクローズアップされ、減量化は不十分という、印象を市民に、強く植えつけてしまった。

　河村名古屋市長のように、減税まで選挙スローガンにしては、政府につけ込まれる口実を、みすみすつくりだすような愚挙であった。国・地方の関係は、行財政力学だけでなく、ラス指数という財政指標、世論という市民感情も、大きな影響力をもたらす。

　自治体は、減税するほど、余裕があるとみなされ、地方財源削減のムードとなり、その他自治体の人件費削減という、地道な努力は、かすんでしまう。名古屋市の減税策は、政策的には、減税より保育所増設であった。保育所措置費の国費3分の2負担を考えると、100億円の減税財源で、300億円の保育所増設ができる。

　第4に、市民は、昭和50年退職金問題を契機として、市民オンブズマンの活動があり、地方公務員給与の適正化を促進させた。しかし、最近の給与問題においては、市民オンブズマンの動きは、それほど活発でない。

　議員のリコール運動には、熱気がみられたが、議員の歳費削減に、比較すれば、公務員給与は、数万倍の効果がある。しかも交付税カットとなれば、給与分と減額分という、財源的にダブル・パンチとなる。

　しかし、ラス指数にもとづいて、全国的な地方交付税の削減といった、高次の運営論・技術論については、市民は、それほど関心が、湧かないであろうか。

　第5に、給与削減の矢面にたつ、自治労は、どうかである。地方自治権の侵害とか、地方自治体の自主性の範囲内という主張は、抽象的であり、説得性がない。しかもこれまでの給与改訂運動は、"わたり"にみられるように、

行きすぎた行動の負い目があり、政府の強制的給与削減を、正攻法でくつがえす状況ではない。

　労働組合サイドは、不況にもかかわらず、官民格差は拡大し、低水準でも、給与維持という、防戦一方といえる。政府・首長・市民の批判という、逆風のもとで、給与再編成への闘争方針をどうするか、迷走中といえる。[23]

　現在の劣勢を、くつがえす組合運動方針は、非常勤職員の正規化という、自治体給与行政の安易な脱法的行為を追求し、人権問題として問題解消を図っていく、起死回生策の展開が、ベストの対応である。

　なお国・地方の財政問題としては、地方交付税は、一般財源というが、政府の地方財政への遠隔操作機能は、補助金より、はるかに大きな効果を発揮する。要するに交付税の配分基準を、いじられても、地方自治体は、抵抗するすべもない。

　しかも実態は、交付税の補助金化はすすんでおり、地方自治体は、今後、地方交付税より、交付金・補助金といった、交付基準の明確な地方財源の獲得をめざすべきである。消費税増税における、国・地方の配分が、大きな国・地方の財政問題と、化していくであろう。

注

(1) 熊谷俊人『公務員ってなんだ？』5頁。
(2) 給与削減に随伴して、退職金削減を避けるため、自己防衛としての駆け込み退職の現象である。官民格差は正で国家公務員が段階的に今年1月から．退職金約15％（平均400万円）引き下げるが、昨年11月に法律改正された。総務省が、全国自治体にも引き下げを要請した。2月から退職約150万円が減るので、駆け込み退職者が激増した。問題となったのは教員であり、文部科学省のまとめでは、16道府県がすでに条例を改正し、7都県で1月から引き下げが実施された。教員がなぜ問題となったかは、卒業式をひかえて、学級担任がいないという、異常事態となるからで、個人の利益を公務より優先させたからである。しかし、この問題を個人のモラルハザードで批判すべきでない。まず自治体は、政府からの要請があっても、現場の混乱を考えれば、4月実施にするだけの、自律性はもつべきである。かりに2月実施としても、継続して臨時職員として、再雇用の対応策を導入するべきで、府県によって採用し、実害を回避している。実質的には、勧奨退職で教員が、選択

Ⅰ　地方公務員受難の時代

したとしても、苦情はいえない。むしろ稚拙な早期退職措置で、教員の教育倫理の踏み絵として、批判するのは筋違いである。ただ自治体サイドでは、複雑な財政事情がある。井戸敏三兵庫県知事は、「国の制度設計が悪い。年度途中に退職金制度を改正したのが一番の原因」と、政府を批判し、駆け込み公務員については、「やむを得ない」と理解を示している。しかし、島根県など一部の自治体は、4月1日から施行であるが、兵庫県は3月実施で「国の要請に応じた」のは、退職手当債の発行で、「（国からの要請に逆らい）発行の許可が得られなかったら（財政運営は）乗り切れない。自由な判断をしにくい」と．苦渋の選択であったと、自治体の財政運営の厳しさを説明している。問題は、教員などは、定年後の再雇用制を退職時に適用し、実質的な勤務の継続を図っていく、「行政の知恵」が求められ、自治体によって、この措置で混乱を回避している。それも退職する公務員は、再雇用対象者を3月31日の在職者に渋るなどの運用面の対応策をとるのもやむをえない。2013年1月24、28、29日、朝日新聞。

(3) 熊谷・前掲「公務員」26頁。(4) 同前27頁。(5) 同前206頁。
(6) 平成22年度、都道府県府県33万9,122円、政令都市33万9,783円、都市33万4,403円、町村32万1,195円で、政令都市と町村と差は、わずか1万7,927円に過ぎない。13年度は、大都市37万3,861円、町村33万5,057円で、3万8,804円であったが、格差は縮小している。官民格差は、農村部できわめて大きい。もっとも青森県と東京都では調整手当18％がある。
(7) 民間方式についてみると、行政サービスの低下・選別化・独占化などの弊害が、発生しないことが条件である。保育所の民営化は、民営化といっても、包括委託方式であり、巨額の公費が、投入され、公的サービスとしての水準・内容の維持を図っている。

　　ごみ収集・学校給食サービスなど、民間委託方式で、サービス水準・内容に変化がないなら実施すべきである。ただ中学校・高等学校となると、給食提供の公的責務は低いので、費用効果からみて、市販弁当方式で、学生がサービスを選択でき、有料化方式が、優れているであろう。行政外部化といっても、経費節減効果だけでなく、行政の費用効果分析によって、非経済効果もふくめて、長期ビジョンで導入しなければ、外郭団体の失敗の再現となりかねない。
(8) 戦後の公務員給与政策の系譜については、西村美香『日本の公務員給与政策』参照。以下、西村・前掲「給与政策」。
(9) なお"わたり"は、完全に根絶されていない。大分県11市町村で1,563人と、総務省の調査であきらかになっている。原因は、等級別の職員構成比は、課長級以上にあたる「6級以上」の割合が、国家公務員が15.4％なのに対して、大分県内市町村（大分市除く）は、29.8％だった。「過度に年功的な給与の運用がなされているため」といわれている。要するに職制上の管理職ではなく、給与上の管理職であったのである。2012年4月2日朝日新聞。
(10) なお地方団体別ラスパイレス指数の分布は、1,784団体のうち100以上105未満300（16.8％）、95以上100未満910（51.0％）、90以上95未満483（27.1％）、

90未満90（5.0％）である。したがってラスパイレス指数95以上の団体1,210団体のすべてと、90以上95未満483団体の半分242団体の合計1,452団体(81.39％)が、ラスパイレス指数で、100以上となる。
(11) 朝日新聞2012年11月1日。(12) 朝日新聞2012年11月22日。(13) 朝日新聞2013年1月23日。
(14)～(17) 朝日新聞2013年1月24日。(18) 朝日新聞2013年1月17日。(19) 朝日新聞2012年11月7日。
(20) 西村・前掲「給与政策」14頁。なお戦後地方公務員給与への中央指導については、同前36.40.90.144.188頁参照。(21) 同前35・36頁。
(22) 政府の方針には、自治体は当然、反対であるが、高橋はるみ北海道知事は、「長年、自助努力で独自縮減を継続してきた。（政府の給与削減を名目に）交付税を減らすのは私どもの努力を無にする話だ」（毎日新聞1月11日）と異をとなえているが、おおくの知事・市長もほぼおなじで、自治体はすでに人件費削減をやっている。あとから政府がやり、それにあわせろというのは暴論という論理である。
(23) 高度成長期における自治労の給与削減への反論については、西村・前掲「給与政策」193頁参照。

Ⅱ 地方公務員給与の実態

II 地方公務員給与の実態

1 地方公務員給与の推移

　本章においては、客観的な地方公務員の給与について、マクロ的現況データを確認する。さて最初に地方公務員給与の推移を確認する。前章で個々に示されている数字もあるが、改めて整理した形で展開する。信頼性の高いデータはやはり総務省『平成 23 年地方公務員給与の実態』と総務省『平成 24 年版 地方財政白書』である。

　第 1 に地方公務員数である。戦後から昭和 58 年までは増加傾向であったものが、昭和 59 年から昭和 63 年にかけて一旦減少したが、平成元年から平成 6 年にかけて再び増加した。しかし、平成 7 年から再度の減少傾向となる。平成 23 年 4 月 1 日現在、前年の平成 22 年を 26、007 人下回る 2、792、448 人（減少率 0.9％）である。

　団体別の職員数であるが、都道府県 1、520、503 人で地方公務員総職員の 54.5％、市 729、303 人（26.1％）、指定都市 240、728 人（8.6％）、町村 144、154 人（5.2％）、一部事務組合等 94、954 人（同 3.4％）、特別区 62、801 人（2.2％）となっている。都道府県職員の多さが目立つが、次に区分別職員数である。

　総職員数を職員区分別にみると、一般職員（臨時職員及び特定地方独立行政法人を含む）は 1、673、730 人（59.9％）、以下教育公務員の 864、400 人（31.0％）、警察官 254、318 人（9.1％）である。

　平成 13 年から平成 23 年までの近年の 10 年間での地方公務員数の団体区分別職員推移を確認しよう。そこには、三つの特徴が見て取れる。

　まず、地方公務員数の顕著な減少である。平成 13 年の約 317 万人が、平成 23 年には約 279 万人へと約 38 万人（12％）も減少している。自治体自身の行革努力もあろうが、何よりも国（総務省、経済財政諮問会議等）から

の行革推進方針に基づく強力な削減指導と、「平成の大合併」による市町村職員—特に一般行政職や現業職等の減少が大きな要因である。

　次に、町村職員の割合の大幅な減少と市職員割合の増加である。これは上記で述べた「平成の大合併」の結果であることは明白である。

　さらに、都道府県職員が占める割合が平成13年で既に過半数であったのに、平成23年にはさらにその比重が高まっていることである。その要因であるが、周知のとおり、都道府県職員には、教育公務員と警察官が含まれている。

　教育公務員は法定数があり、警察官は「治安の悪化」という世論を受け唯一数的に増加している。一般行政職が減少しても、この二つの職員割合が高いため、相対的に都道府県職員の割合が増加するのである。

　第2に地方公務員人件費割合の推移である。地方財政の中の義務的経費（人件費、扶助費、公債費）の中でも、人件費の割合は確かに高い。しかし、年々その割合は低下している。

　人件費は、職員給、地方公務員共済組合等負担金、退職金、委員等報酬、議員報酬手当等からなっており、職員給について人件費構成内容の一つとして後でその額と推移を確認する。

　さて平成22年度人件費の決算額は23兆5,362億円（対前年度比1.8％減）となっていて、人件費の歳出総額に占める割合は前年度と比べると0.1ポイント低下の24.8％となっている。

　また一般財源総額から人件費に充当された割合は、正味の人件費支出割合として重要である。その推移であるが、平成13年度が全自治体総計で34.8％であったが、以後毎年漸減傾向であり平成19年度34.0％となった。これ以降その減少傾向は加速することとなる。

　平成20年度33.0％（対前年比1％減）、平成21年31.8％（同1.2％減）、平成22年30.8％（同1.0％減）と毎年大幅な減少で割合が低下している。基本的には扶助費総額の大幅な伸びが最も大きい要因であるが、人件費総額自体の低下も大きなものがある。

Ⅱ　地方公務員給与の実態

　第3に、人件費内訳と職員給（給料）区分について確認する。平成22年度人件費の内訳区分であるが、大きく分けて9つに分けられる。このうち3つは特別職関係（議員報酬手当等）であるので、一般職の地方公務員に関係する6項目の自治体総額と推移を参照する。

　大きなものは基本給であるが、16兆2,203万円（対前年度増減率4.2％減）で、さらに職員給（給料）、その他の手当、臨時職員給与の3つに内訳される。職員給は10兆9,9103億円（同2.4％減）、その他の手当5兆3,003億円（同7.7％減）、臨時職員給与95億86百万円（同3.7％増）である。各種手当の減少幅の大きさが目立つ一方、わずかな割合であるが臨時職員給与が微増していることも見逃せない。

　次は地方公務員共済組合等負担金で、3兆5、213億円（同3.7％増）。そして、退職金で2兆5、896億円（同0.8％減）。恩給及び退職年金で286億円（同11.9％減）、災害補償費で259億円（同8.9％増）。最後のその他は1、514億円（同3.2％増）となっている。共済組合負担金が金額的にも大きく増加しているが、これは後期高齢者医療への分担負担金の増額が大きな要因である。また退職金は団塊の世代が既に定年を迎えているので減少傾向であるのが特徴である。

2　地方公務員職種の類型

　今節においては、全地方公務員職種の類型を整理する。

　地方公務員職種大まかに分類すると、一般行政職（平成23年度全職種中の割合30.1％）、医療・看護職（5.5％）消防職（5.6％）、企業職（6.9％）、技能労務職（4.6％）、教育職（30.9％）、警察職（9.1％）等が主なものである（これらで全体の92.7％を占める）。

　さらに、細密に職種を分類すると合計24にも類型化される（**表1**）。また企業職はバス事業運転手とその他、技能労務職（いわゆる現業職）は、清掃職員、学校給食員、守衛、用務員、自動車運転手、電話交換手等に分類される。

　地方公務員職種のこうした類型が、様々な行政サービス分野の広がりを示している。

II 地方公務員給与の実態

表1 職種別職員の状況（全地方公共団体）

区分	平成23年 職員数	構成比
全職種	2,790,689	100.0
一般行政職	840,609	30.1
税務職	71,773	2.6
海事職（一）	1,110	0.0
海事職（二）	998	0.0
研究職	12,669	0.5
医師・歯科医師職	13,000	0.5
薬剤師・医療技術職	41,048	1.5
看護・保険職	98,999	3.5
福祉職	107,079	3.8
消防職	156,690	5.6
企業職	193,715	6.9
うちバス事業運転手	7,231	0.3
技能労務職	128,596	4.6
うち清掃職員	32,571	1.2
うち学校給食員	23,094	0.8
うち守衛	1,054	0.0
うち用務員	25,883	0.9
うち自動車運転手	6,962	0.2
うち電話交換手	739	0.0
その他	38,293	1.4
第一号任期付研究員	11	0.0
第二号任期付研究員	28	0.0
特定任期付職員	131	0.0
大学（短大）教職職	2,276	0.1
高等（特別支援・各種）学校教育職	241,255	8.6
小・中学校（幼稚園）教育職	607,871	21.8
高等専門学校教育職	121	0.0
その他の教育職	11,148	0.4
警察職	254,318	9.1
臨時職員	2,586	0.1
特定地方独立行政法人	4,616	0.2
特定地方独立行政法人臨時職員	42	0.0

出典：総務省『平成23年地方公務員給与の実態』、「第1調査結果の概要」6項 表-2の一部を表示

3　地方公務員給与の運用

今節では地方公務員の年齢別平均給与額、団体別区分の平均給与額、およ

図2　団体区分別、年齢別平均給料月額（一般行政職・全学歴）

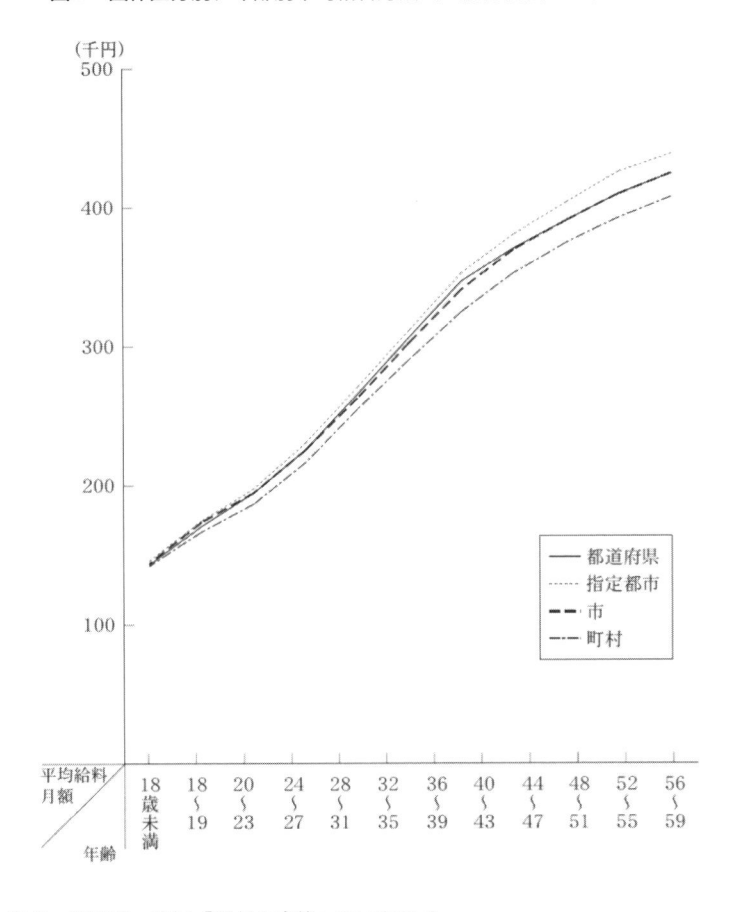

出典：総務省・前掲「給与の実態」22項 図-7

Ⅱ 地方公務員給与の実態

び職種別平均給与月額の3つを参照し、地方公務員給与の運用状況を確認する。

第1に、一般行政職の職員の平均給料月額の各年齢階層別状況を参照する。平均給料月額は、指定都市339、485円（平均年齢42.8歳）で最も高く、以下都道府県が339、183円（同43.7歳）、市が333、168円（同43.2歳）、町村が319、768（同43.1歳）となっている。

指定都市と都道府県はほぼ同額で、市もほんのわずか低位で、町村は若干低位である。図2のグラフからもその金額傾向が裏付けられるとともに、地方公務員給料と年齢とは極めて強い正の相関関係[1]（年功序列タイプ）であることがわかる。

表2　職種別平均給料月額及び諸手当月額（全地方公共団体）（単位：円）

区分	平均給与額円Ⓐ＋Ⓑ	平均給料月額	諸手当月額Ⓑ
全　職　　　　種	428,745	341,745	87,000
一　般　行　政　職	421,861	334,379	87,482
都　道　府　県	425,668	339,183	86,485
指　定　都　市	463,387	339,485	123,902
市	416,449	333,168	83,281
町　　　　村	374,938	319,768	55,170
特　別　区	465,326	333,519	131,807
一部　事務組合　等	400,309	330,429	69,880
技　能　労　務　職	383,843	319,086	64,757
都　道　府　県	389,984	332,500	57,484
指　定　都　市	413,361	322,601	90,760
市	375,173	322,151	53,022
町　　　　村	308,469	284,802	23,667
特　別　区	414,920	307,525	107,395
一部　事務組合　等	344,918	289,818	55,100
消　　防　　　　職	412,760	313,234	99,526
高等(特別支援・各種)学校教育職	448,237	386,442	61,795
小・中学校(幼稚園)教育職	424,912	371,303	53,609
警　　察　　　　職	477,711	324,966	152,745

出典：総務省・前掲「給与の実態」24項 表-14の一部を表示

3　地方公務員給与の運用

表3　全地方公共団体職種別平均給料月額等の状況（全会計）

区　分	平均給料月額 H23	平均給料月額 H22	増加率	平均年齢 H23	平均年齢 H22
全　　職　　種	341,745	343,335	△0.5	42.8	42.9
一　般　行　政　職	334,379	337,049	△0.8	43.3	43.5
税　　務　　職	312,974	315,957	△0.9	40.8	41.0
海　事　職（一）	350,918	350,850	0.0	45.0	44.9
海　事　職（二）	319,699	320,567	△0.3	43.9	44.0
研　　究　　職	362,308	361,405	0.2	43.4	43.3
医師・歯科医師職	498,370	496,219	0.4	44.3	44.1
薬剤師・医療技術職	317,374	319,197	△0.6	41.3	41.4
看　護・保　険　職	300,987	301,021	0.0	39.5	39.3
福　　祉　　職	311,774	315,488	△1.2	41.8	42.1
消　　防　　職	313,234	317,766	△1.4	40.1	40.5
企　　業　　職	324,802	325,541	△0.2	41.5	41.6
うちバス事業運転手	299,298	300,386	△0.4	46.2	45.7
技　能　労　務　職	319,086	319,174	0.0	47.8	47.5
うち清掃職員	324,853	326,072	△0.4	45.9	45.6
うち学校給食員	310,050	310,050	0.2	47.9	47.7
う　ち　守　衛	335,955	338,179	△0.7	49.6	49.3
う　ち　用　務　員	321,983	322,514	△0.2	49.8	49.6
うち自動車運転手	333,825	334,560	△0.2	49.9	49.5
うち電話交換手	333,609	333,586	0.0	49.2	49.0
う　ち　そ　の　他	314,240	313,382	0.3	47.4	47.1
第　一　号　任　期　付　研　究　員	574,173	553,977	3.6	54.1	54.3
第　二　号　任　期　付　研　究　員	336,771	333,406	1.0	34.4	33.2
特　定　任　期　付　職　員	546,153	565,407	△3.4	54.4	55.6
大　学（短　大）教　職　職	441,970	440,092	0.4	48.4	48.2
高　等（特殊各種）教　育　職	386,442	387,189	△0.2	44.9	44.9
小・中学校（幼稚園）教育職	371,303	372,202	△0.2	43.8	43.9
高　等　専　門　学　校　教　育　職	433,594	428,496	1.2	45.3	46.4
そ　の　他　の　教　育　職	399,615	398,997	0.2	47.3	47.2
警　　察　　職	324,966	325,926	△0.3	39.4	39.7
臨　　時　　職　　員	196,242	202,742	△3.2	44.7	45.4
特定地方独立行政法人職員	313,637	313,399	0.1	38.3	38.0

（注）1　本表は教育長を含まない。
　　　2　全地方公共団体には、一部事務組合等を含む。
出典：総務省・前掲「給与の実態」18項表-11の一部を表示

　第2に団体別区分の平均給与額である。前提として教育職、警察職、消防職は勤務の特性から全国ほぼ同一の業務をこなしてり、それぞれ基本給料が高い、超過勤務手当が高いこともあってここの検討からは除外する（また団

Ⅱ 地方公務員給与の実態

体別でも一般条件の違う特別区と一部組合は除外する）。

では、一般行政職と技能労務職について全職種平均と各団体の差異を確認する（**表2**）。平成23年4月現在で、地方公務員の全職種の平均給与月額は428、745円でありその内訳は、平均給料月額341、745円と諸手当87、000円の合計となっている。

一般職では、一番高い指定都市（463、397円）と町村（374、938円）では、金額割合は町村が指定都市の80.9%と約2割の格差がある。技能職も同様の傾向にあるが町村は指定都市の74.8%とやや拡大する。

しかしこの表からは確認できないが、その要因は、地域手当が指定都市には高率で存在していることと、行政サービス提供密度からくる超過勤務手当の多さの違いである。

先に確認したように給料自体は有意な差異がないことから、大都市と地方の物価水準等を比較しても団体間においての給与は全国的にもさほど差のつかない状況といえる（団体間平等傾向）。

第3に職種別平均給与月額の確認である。まず前節で参照したように、地方公務員内での職員構成割合は、教育職、一般行政職、警察職、企業職、消防職、医療・看護職、技能労務職の順であり、よく一般行政職と技能労務職は給与問題報道が起きるが、両者を合わせても全体の三分の一を少し超える程度である。さて職種別平均給与の特徴を見てみよう。業務上確実に給料単価が高い医師・歯科医師職、特別な分野の能力を持った第一号任期付研究員および特定任期付職員、大学（短大）教育職および高等専門学校教育職を除けば、他のすべての職種（臨時職員を除く）の平均給料月額は30万円台であり、全職種平均額341、745円より下位の30万円代前半に集中している。

教育職関係は30万円代後半でありやや高位の水準にある。ここから、特殊な例を除けば、地方公務員は"職種を問わず給料は平等"という職種間平等傾向をも読み取れるのである。

注
（1）山本正憲『日本の地方公務員の人件費研究』126項。

Ⅲ　地方公務員給与の水準

Ⅲ　地方公務員給与の水準

1　官民格差の実態

　官民格差とは、言うまでもなく国家公務員と民間企業従業員との給与格差を指す。ただ、正確に各々の水準をはかり、そこから「格差」を断ずることはなかなか困難である。この分野の日本での先駆者である西村美香も、全ての国民の支持を得られるような官民比較は不可能であるとしている[1]。

　その問題は四つあるとして 比較基礎資料、比較モデル、比較企業対象規模、給与外利益（non-pay benefit）の取り扱いをどうするかにより比較は大きく変わるからである。

　日本における官民比較の問題点は様々あるが、やはり人事院の比較対象のサンプル企業従業員規模程度（現行50人以上）とその産業別企業分野の偏り（製造業・公益関連産業が6割を超えている）等、産業界（雇用の不安定なサービス業・小売業が実従事者の半数に近い）や国民感覚からは遊離した"恵まれた企業"を対象としていることが指摘される。

　ただ人院が各人事委員会と協力して行う調査とそれを基にした勧告の目的が、国家公務員の当該役職者の民間での同格者の給与額を導き、それを集計して必要給与総額を導きだし、「国家公務員内での資源としての給与配分」行うという給与政策のためにあるというのは事実であり、重要であることも強調しておきたい。

　さて、西村美香らのいくつかの限定的な平均給与の比較業績が生まれたが、さらに精緻な官民比較および公民比較業績が生まれた。若干データは古いが、その川崎一泰らの統計分析[2]を参照する。

　彼らの問題意識は、新古典派経済学のコンテキスト（生産性に応じた賃金配分が原則）と乖離した地域における官民の給与格差が地域経済再生の妨げになっているのではないか、というものであり、そして手法は、国家公務員、

1 官民格差の実態

地方公務員、民間労働者の賃金（「給料」と同意味）データを整理し、比較可能な形（平均給与方式）で解説を試みている。

対象とする給与データの範囲であるが、国家公務員給与と地方公務員給与が給料[3]・扶養手当・調整手当の三つの項目で、民間給与は先の三項目に通勤手当・特殊勤務手当・管理職手当・その他の手当を含めた七つの項目である。また比較する基礎データの年度であるが1971年～2004年の国家公務員（行政職（一））、地方公務員（一般行政職）、民間労働者（産業計、企業規模従業員10人以上）を全国7つのブロック別に集計分析したのである。

まず給与格差について、各年の国家公務員給与を100としたときの、民間給与の推移を全国の7地域ブロック（北海道東北、関東、北陸甲信越、東海、近畿、中国四国、九州）別にその推移を示している。

1990年代初頭までは、官民格差の程度は大きくなかったが、1990年代後半以降は、北海道東北はじめ地方圏4つのブロックでは民間給与の格差が拡大していることが伺える。一方、関東、東海、近畿といった比較的高い民間給与に国家公務員給与は準拠してきたことも伺えるとしている[4]。

この川崎らの分析の正当性は、人事院自身も国家公務員給与制度のあり方を独自に検討してきたが、平成17年（2005年）に人事院勧告において給与制度の50年ぶりの構造改革を提言したことで証明された。

その内容は主には三点である。地方の高給与を改善するため俸給表を4.8%引き下げ、民間給与の高い地域には地域手当（3～18%）支給し地域間格差を縮小する。

年功的な給与の抑制と職務・職責に応じた俸給構造への転換。勤務実績をより給与、ボーナス（勤勉手当）そして昇給へ反映させることである。つまり、地域間、職務間、個人間における給与格差の拡大を広げる方向へ向かったのである。そしてこの「給与構造改革」は地方公務員にも求められることになる。

官民格差と言われるものを細分化したもう一つのものが公民格差—すなわち地方公務員と当該地域の民間労働者との格差である。これは本書の探究中

Ⅲ　地方公務員給与の水準

心テーマである。まずは引き続き川崎らの分析を参照[5]する。

　地方公務員と民間の給与水準格差の相対比較のため、各年の地域ブロックにおける民間給与水準を100としたときの、各地域ブロックの地方公務員の水準推移を分析表にまとめている。

　そこからは、1980年代までは両者の給与格差はほぼ±10％の範囲で推移してきたが、バブル期以降、関東ブロック以外の地域で、地方公務員と民間企業の給与格差が拡大（地方公務員が上回る）し、2000年代に入ってからはその乖離率も15～25％とさらに大きなものになっている。

　この要因として逆に「国公準拠」をあげている。国家公務員給与が倣っている民間企業は大都市圏を多く含む「全国平均」である。これを全国に適用すると、地元の民間企業給与水準が考慮されるより、国家公務員給与に倣うということになる。

　その結果ここでも地方圏といわれる北海道東北、北陸甲信越、中国四国、九州の地域では地元民間企業との格差は大きく拡大してしまうのである。

　もちろん、平成25年2月の現在時点で、こうした状況が漫然と続いているわけでもない。自治体においては二つの対応策がなされている。

　1つは国家公務員に倣っての給与構造改革の導入である。多くの自治体で水準の引き下げがなされている。2つは、地方自治体における独自の給与削減措置である[6]。

　それによると、全自治体の過半数（981/1794、54.7％）が独自に給料や手当の削減措置を実施し、年額約1,500億円を削減している（最大の本給削減は大阪府で14％～3％）。

　また、一般職の給料（本給）削減を実施している自治体は213（11.9％）である。そして、平成14年度から23年度までの10年間の削減影響額累計は1兆6,284億円であるとしている。

　したがって、各自治体で公表された給与額（給料表）より削減された額を支給されている地方公務員はかなりの数にのぼる。それでもなお、地方公務員の給与水準は地域住民（地元企業従業員）の多くからみれば、十分な水準

均衡がとれているとは言い難いのが現実であり、より精緻な道府県・政令指定都市等の人事委員会や人事関係所管部の綿密な住民の意見も反映した比較企業の拡大等の施策がとられなければならないだろう。

ここで、長年国家公務員と地方公務員の給与水準比較の指標とされているラスパイレス指数についても述べておこう[7]。平成23年4月1日現在における国を100とした一般行政職のラスパイレス指数は全地方公共団体平均で98.9であり、地方公務員給与水準は平成16年より8年間連続で国家公務員を下回っている（第Ⅰ章で記したように、国家公務員の給与引き下げで、平成24年度のラスパイレス指数は平均で107.0となった。）。

また団体区分別ラスパイレス指数をみると、都道府県は99.3、指定都市は101.3、市は98.8、町村は95.3、特別区は100となっている。また、ラスパイレス指数が100未満の団体は、全地方公共団体の82.3%の相当する1、484団体となっている。

このように、昭和50年代以降の旧自治省（現総務省）の個別指導をはじめとした自治体への給与是正策は、平成16年にラスパイレス指数が全団体平均で100を下回る"成果"を収め、現在は8割を超える自治体が100未満まで達している。

それは、既に述べたように、地方財政悪化による自治体独自の給料カットや特殊勤務手当等の見直し、さらに国の「給与構造改革」の影響によるものである。

以上地方公務員の給与水準が、近年においてラスパイレス指数からみれば、平均的には国家公区員を、若干下回っている。しかしそれはあくまで全国の平均であり、今節で参照した内容からは、団体区分を問わず地方公務員側の方が様々な意味で水準が、高いことが、まま見られるのも事実であろう。

さて、今節の最後にこれまで語られなかったいわゆる技能労務職（正規職）員の官民格差について触れておこう。それは近年現業職員による不祥事事件（もちろんその他の職種の者が起こす例も数多い）が起きると現業職員給与問題と絡めた社会的批判が数多く起きている。だからこそ、具体的な実態を

III 地方公務員給与の水準

提示する必要があろう。

「30年勤続の学校給食のおばさんにも4000万円の退職金[8]」—1983年4月の東京都"武蔵野ショック"をご存じの方は次第に少なくなろうとしている。現在的な観点からは"おばさんにも"という表現にはいささかの違和感を覚える。どのような職務であろうとそれ自体に良し悪しはないはずだからである。

しかし、当時の金額で勤続年数が30年を超えれば、武蔵野市では役職者・職種に関わらず、4000万円を超える退職金支給（昭和57年退職者中15人でうち2人が当時の言い方での単労（現業職員で運転手と給食調理員））が明るみに出た。

それは逆に当時役職や職種に関わらず、退職時の基礎となる給料月額が、大した差がないようになっている（つまり「同一給料表」使用かつ"わたり"の存在）ことをも明らかにした[9]。

地方公務員給与の問題点を、世に知らしめた点では、まさにこの武蔵野ショックほど、大きなものはないだろう。昭和49年時に地方公務員のラスパイレス指数が最高となって旧自治省が、是正措置に乗り出したが、とりわけ現業職員の「高給与」—すなわち民間との大きな格差の存在を、強調したのが、先の新聞記事の文字であった。

さて、それ以降も地方公務員の高給与批判は続き、現業職員にも、様々な水準低下や是正措置がとられてきたが給料のラスパイレス指数は近年でも高い状態が続いている。

それに最初に具体的な改革目標明示を唱えたのが、2005年（平成17年）2月28日の内閣府の経済諮問会議での、民間議員からの地方公務員給与の給与見直しの提案である。

この提案は五項目あったが、その中に「技能労務職のラスパイレス指数公表と官民及び国との格差の見直し」が入り、地方公務員の現業職員給与の全面公開と、是正要求が初めて公的に唱えられた。

また同じころ政府の命を受け総務省も、平成17年3月に給与構造改革に

合わせて自治体への「給与関係集中改革プラン」(平成17年〜22年まで)を提示し、一般職のみならず、現業職員の給与水準の改善をも強く指示した。結果、全都道府県・政令指定都市が、いくばくかの「給与水準低下措置」や「現業職給与改革方針」を行うに至った。しかし、それでも急速な是正は、すすまなかった。

その理由であるが、「現業職」と一括してよばれるものの一般技能職にはこれまで見てきたように多様な職種がある。また給与決定方式が、一般行政職等の人事委員会勧告と異なり、労働協約締結権があるため一応労使交渉で決定するのが基本である（ただ結果として人事院勧告や人事委員会勧告に準じた内容になることが多い）。

しかし、近年の自治体財政悪化や、自治体業務範囲や公共圏の見方が、変化する中で、その多くの職種が、民間委託や非正規職員化が進んでいる。そして一定年齢に到達した正規職員を、他の職種に転籍させることは実質的に困難であり、当局と労働組合が様々な合意を重ねていったのである。

結局多くの自治体での労使合意とは、市民—外向けには「委託化、非正規職員化を進めて人件費の削減を図ります」、職員—内向け（正規職員）には「正規職員は定年まで雇用と一定の給与水準を保障する」という玉虫色なものであると思うのは私だけであろうか。

ここで事例として三重県を参照してみよう。三重県は、周知のとおり1995年以来の様々な「みえ改革」とも呼ばれる行政システム改革のトップランナーでもあった。しかし、現業職員(いやその他の職も同様)の給与是正は実態的には"放置"されたままであった。

三重県でもやっと集中改革プランや2007年の「骨太の方針2007」等の指摘を受け、業務のあり方、給与水準の見直しに本格的に手を打つこととなった[10]。

平成19年4月1日時点でも、三重県の現業職員は、国に比べて高く、ラスパイレス指数は都道府県平均120.2をも、大きく上回る125.3というものであった。また民間との比較表を表しているものの、比較対象データとし

Ⅲ　地方公務員給与の水準

て一致していないことを理由に「参考資料」としている。これでは「当該民間企業従業員」との比較などを無視していることになる。

　しかしより問題は、「方針」の 2 で明らかにしているが、これまで独自の給与を現業職に用いて、国の現業職員に適用している行政職俸給表（二）を無視した給与が、長年行われてきたことである。これでは給与水準が、大幅に高くなるのは当然である。

　長年の労使慣行といえばそれまでだが、それでは「国公準拠」や「職務給」の基本的な地方公務員給与の大原則そのものが、無視されていたのであり、大きな問題である。しかも、給与表の改定は 2 年後（2009 年 4 月 1 日）とこの時点でも問題の先送りをしていたのである。

　また他道府県や指定都市等のホームページを拝見すると、この時期に「改革集中プラン」に右に倣へ、のように現業職員給与是正方針が出ている（沖縄県等）が、自治体団体区分を超えて、給与是正が行われていないところも多々見受けられ、さらには給与表を見直しても、運用実態で従来の待遇を、維持している自治体もあるようである。

　いずれにせよ、現業職員の給与水準も、「職務・職責に応じた」地方公務員給与原則に基づき、速やかに是正が必要である。

2 非常勤職員の実態

　格差社会という言葉が叫ばれ、新たな貧困層として、「ワーキングプア」が民間部門で、語られだした2000年代半ば。それが公務部門にもあること(「官製ワーキングプア」)が、次第に顕在化してきた。

　公務部門においては、正規常勤職員と非正規雇用職員（臨時・非常勤職員）との待遇格差という内部格差と、自治体業務外部化による、近年の民間委託や指定管理者制度の導入等により、公務職場で働く不安定な雇用の立場の職を指す[11]、アウトソーシング従事者と、自治体職員との内外格差の両面がある。まず、内部格差である非常勤職員の実態について述べよう。

　表4 ①が基本となる任期の定めのない正規職員（いわゆる常勤職員）である。②から⑤は様々な課題や問題を孕んでいるが「正規性」のある非常勤職員[12]として安易に他の非常勤職員と同一視はできない（なお②と④の再任用職員については、4節「再雇用格差の実態」で改めて述べる。）。ここ

表4　自治体職員の勤務形態・任用分類（正規職員と非常勤職員等）

名　称	勤務形態	任用期限	法律上の根拠
①正規任用職員	常勤	—	地公法第17条
②再任用常勤職員	常勤	1年（65歳まで更新可）	地公法第28条の4第1項
③任期付きフルタイム職員	常勤	原則として3年	任期付法＊第4条
④再任用短時間勤務職員	非常勤	1年（65歳まで更新可）	地公法第28条の5第1項
⑤任期付き短時間勤務職員	非常勤	原則として3年	任期付法第5条
⑥正規任用職員	非常勤	原則として3年以内	地公法17条
⑦臨時職員	非常勤	半年、最長1年	地公法22条
⑧特別職非常勤	非常勤	期限付き	地公法第3条第3項

＊任期付法の正式名称は、「地方公共団体の一般職の任期付職員の採用に関する法律」（平成14年法律第48号）である。

Ⅲ　地方公務員給与の水準

では、⑥から⑧の三つを中心的に「非常勤職員」としてその実態や格差を述べる。

まずはその数の動向である。2005年から2008年にかけ、常勤職員は14万2、744人減少し、非常勤職員は4万3、462人増加した。その総数は49万9、302人である。

相当な数でありたとえば市民サービス職場では大きな割合を占めていることが推察される。人員上では、全体で約3割が非正規職員に置き換わったことになる。職種で増加の大きいものは、具体的には教員・講師、保育士、一般事務職員等の増加が目立つ。

一方で技能労務員や給食調理員は減少ないし数的増加はわずかである。これは現業業務職種として民間委託が進んだものであろう。なお「その他」の増加は、警察官・消防吏員である[13]。

表5からみられる特徴は、市町村における非常勤職員の多さである。都道府県職員の6割程度の正規職員しかいない市町村では、非常勤職員数は、その3倍以上の人数が、存在しているのである。具体的には一般事務職員や、保育士等といった、まさに、「もっとも市民に近い」職場でこそ、非常勤職

表5　臨時・非常勤職員数（職種別・団体区分別）

職種	都道府県	指定都市	市町村等	合計	構成比
一般事務職員	26,167	11,202	82,441	119,810	24.0%
技術職員	2,759	894	3,735	7,388	1.5%
医師	3,420	1,245	4,670	9,335	1.9%
医療技術員	1,945	798	5,894	8,637	1.7%
看護師等	4,468	1,340	17,669	23,477	4.7%
保育士等	1,755	5,950	81,858	89,563	17.9%
給食調理員	1,793	2,811	32,701	37,305	7.5%
技能労務職員	8,935	5,448	39,635	54,018	10.8%
教員・講師	32,430	3,459	21,438	57,327	11.5%
その他	19,578	8,385	64,479	92,442	18.5%
合計	103,250	41,532	354,520	499,302	100.0%

出典：上林陽治『非正規職員』21項　表1-1の一部を記載

2 非常勤職員の実態

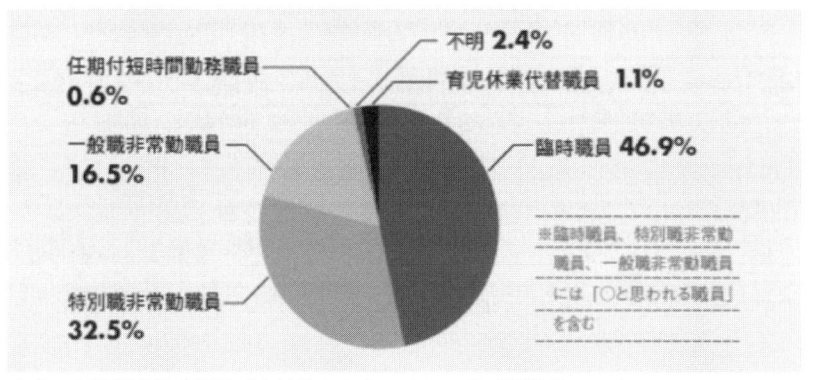

図3 臨時・非常勤等職員の雇用根拠法別比率

- 不明 2.4%
- 任期付短時間勤務職員 0.6%
- 育児休業代替職員 1.1%
- 一般職非常勤職員 16.5%
- 特別職非常勤職員 32.5%
- 臨時職員 46.9%

※臨時職員、特別職非常勤職員、一般職非常勤職員には「○と思われる職員」を含む

出典：自治労政治政策局「自治体をともに支える非正規職員」7項 Data/3

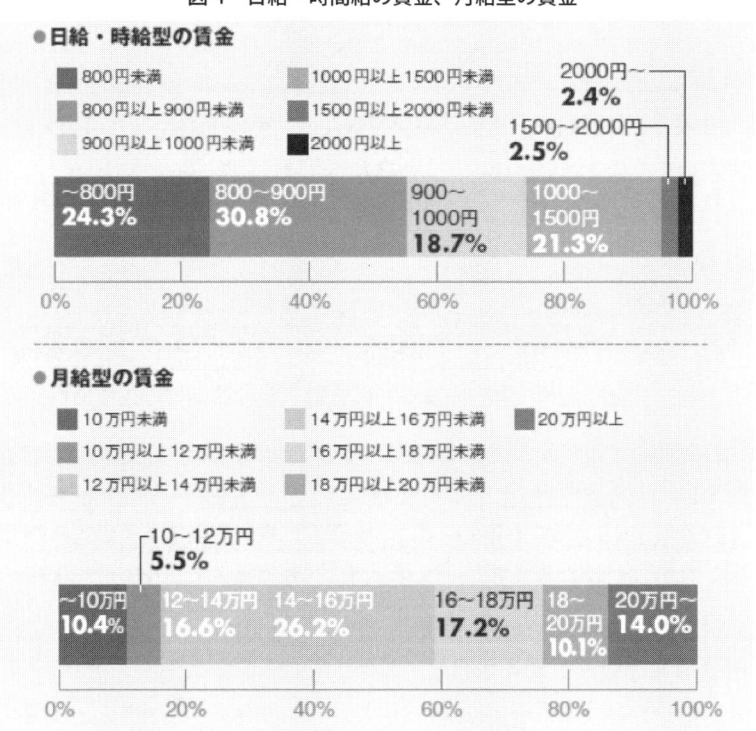

図4 日給・時間給の賃金、月給型の賃金

●日給・時給型の賃金
- 800円未満
- 800円以上900円未満
- 900円以上1000円未満
- 1000円以上1500円未満
- 1500円以上2000円未満
- 2000円以上

| ～800円 24.3% | 800～900円 30.8% | 900～1000円 18.7% | 1000～1500円 21.3% | 1500～2000円 2.5% | 2000円～ 2.4% |

●月給型の賃金
- 10万円未満
- 10万円以上12万円未満
- 12万円以上14万円未満
- 14万円以上16万円未満
- 16万円以上18万円未満
- 18万円以上20万円未満
- 20万円以上

| ～10万円 10.4% | 10～12万円 5.5% | 12～14万円 16.6% | 14～16万円 26.2% | 16～18万円 17.2% | 18～20万円 10.1% | 20万円以上 14.0% |

出典：自治労政治政策局「自治体をともに支える非正規職員」7項 Data/3

III 地方公務員給与の水準

員が、多数雇用されていることがわかる。

さて、非常勤職員といえども、地方公務員である以上、法的な根拠に基づいた任用は、絶対条件である。先の表4で分類された⑥から⑧の職員について、地公法の趣旨からみれば、特定の時期の業量の増大や、緊急な事由が生じたりした場合や、特定の学識経験等が必要な委員等の、あくまで文字通り「臨時」的、ないし「非常勤」的な性格を、有するものなのである。

ところが、これらの区分と実態が、一致しておらず、"常勤的非常勤職員"が多く存在することは、よく指摘されるところである。

こうした非常勤職員の増加の背景は、多くの指摘と筆者自身の業務経験からも、常勤職員の定数削減と、減量経営的人件費抑制（**図3、4**）があることは疑いない。

特殊な能力を有する者や、国家資格職も含まれるのに、時給千円以下が過半数を超えており、また月給が10万円台の者が、実に86％を占めている。これらの非正規職員は、自治体職員定数からは除外される（人員削減）し、予算経費も、人件費ではなく、物件費から報酬・給料が払われる。

自治体の非常勤職員増加における問題は、以下のとおりである。第1に低賃金の職員が、市民サービス職場で、大きな割合を占めており、その業務内容や労働時間も正規職員と、大差がない者が増えていることである。

さらに勤続年数が10年以上の職員の割合も増えており、この場合は、同一労働同一賃金原則や、場合によっては、職務級の原則にも反する可能性がある。

第2に本人が希望している場合は別として、公務を希望しても、非常勤職員しかその職がないような場合では、低賃金や雇用期限による雇止めへの不安から、業務に対するモチベーションの低下をもたらし、ひいては行政サービス低下の懸念もあることである。

第3には、「非常勤職員が多数」という職場も多くなり、この場合必ず常勤職員の負担増（業務量・肉体的・メンタル）が伴い、健康悪化や休職者の増加─はては過労死という事例もあり、正規職員の雇用条件をも、悪化させ

ていることである。

　これらに対する対策としては、非常勤職員において、第1に最低賃金のアップ、第2に、一定年数以上雇用される者への職務級給与原則（経験年数や能力、職責による昇給・昇任）の適用等があげられる。これらは首長のスタンス次第で十分可能であろう。

　ただいずれの方式でも、正規職員の覚悟も必要である。自治体財政の好転の見通しが、なかなかない中では、雇用が安定している正規職員が、自己の給料を少し下げてでも、その配分を非正規職員に回すことがもはや不可避ではないか。

　というのは、非正規職員の中には、少なからず正規職員への軽蔑や、悪意（「給料は高いが、仕事をしない」）を持つ構造が、出来上がっており、正規職員を「権力者」と呼び、その給料引き下げや、身分保障の撤廃を、応援する非正規職員すら、少なからずいるのである[14]。これを安易に"労働者どうし足の引っ張り合いをするな"と言ってすませる状況の問題ではない。

　とにかく当局、正規職員も厳しい時代認識と共に、意識を根本的に変える必要がある。要は、限られた給与原資の自治体内配分に留意し、業務内容や職責における、公平性の担保を図ることであろう。

3 外部方式の実態

次に、自治体業務の外部化、すなわちアウトソーシング従事者との格差を参照していこう。今日、自治体の業務の直営から外部化への動きは、まさに多種多様な方法で急激に広がっている。

従来から行われてきた第3セクター設立や業務委託（民間委託）等から、包括的業務委託（いわゆる「第二市役所」）、PFI、指定管理者制度、地方独立行政法人の設立等と多様化し、さらには最終的には民営化へと行きついている。

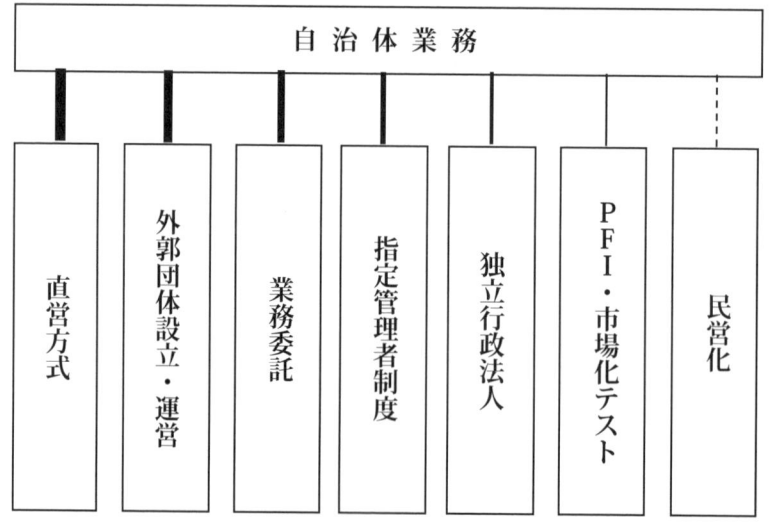

図5　自治体業務の運営方式の分類

自治体業務
- 直営方式
- 外郭団体設立・運営
- 業務委託
- 指定管理者制度
- 独立行政法人
- PFI・市場化テスト
- 民営化

＊「自治体業務」と「各運営方式」との間の線の太さ等は、自治体からのコントロール力の大小を表す目安であり、自治体直営方式との従事者給与の格差を表したものではない。

かつての外部化を行う理論的な基礎は行政の守備範囲論があり、公共経済学による公共財論と行政法学でいう公権力行使論であり、これらに属さない業務が外部化の根拠とされた[15]。しかし今や業務の外部化背景はそれらを超えて、行政の効率化—コスト論によって、あらゆる分野に及ぼうとしている。

図5は、注記のとおり、自治体業務とされるものの運営方式を、自治体のコントロール力の程度が及ぶ順に左から右へと分類したものである。

ここでは、各々の方式の制度について語ることが主要な目的ではないので、それらは省略するが、「指定管理者」や「独立行政法人」、あるいは「PFI・市場化テスト」は、1980年代から2000年初頭にかけて流行した欧米からのNPM改革の「日本版」といえるもの（たとえば「独立行政法人」では英国では「エージェンシー化」に相当するが、その性格は相当異なる）である。

では、コスト論でこれらを、比較したらどうなるのであろうか。総括的な指数で直営方式を100とすれば、業務委託（学校給食・ごみ収集）35.0、業務委託（施設の運営管理）59.5、PFI（運営管理費）52.7、指定管理者制度84.7、PFI（建設費）75.8との報告[16]がある。

学校給食業務委託がコスト減大なのは、期間パート労働者を雇用し、いわゆる「夏季・冬季・春季の休み（調理員を含む教職員が「休み」であるわけではない）期間」は雇用しないという方式をとることが可能であり、大幅な人件費の削減となる。

一方で、指定管理者制度がさほどコスト減にならないのは、もともと対象となる行政サービス施設で、外郭団体運営方式や非常勤職員活用で、人件費コストが既に下がっていたという事情があろう。

具体的な実例では、学校給食業務委託の場合であるが、福岡県太宰府市立小学校の契約社員の労働条件で、年齢不問・調理師か栄養士免許・学校給食経験二年以上が採用資格で、給与は月額12万5千円、雇用期間は1年（雇用継続あり）、夏休み期間も、給与支給し社会保険加入となっている。

直営方式の調理員の平均の三分の一程度の給与である。ほかにパート職員

Ⅲ　地方公務員給与の水準

（調理業務、補助担当者）がいるが労働条件はあくまで「面談の上優遇」とあるだけで、契約社員より低位であることは間違いないだろう[17]。

　さらに政治主導の給与削減が、多面的に展開されている大阪市の業務委託従業員のルポルタージュから、劣悪な勤務条件におかれた状況が、報告されている[18]。

　大阪市の事例では、委託従業員の労働条件も大きな問題であるが、低位な人件費にあえぐ当事者である彼らの多くが、市長を支持し、他方で正規職員を敵視し、市長に喝采を送る構図が、存在することに注目する。

　こうした大阪市の委託職場の状況は、「一部の声」と言えるだろうか。ルポライター自身「私は取材を通し、非正規が正規に向けるまなざしは、もはや嫉妬ややっかみではなく『憎悪』だと実感した。・・・（中略）・・・公務員労組は物言うことをあきらめる前に、現在のバッシングは、ワーキングプアが増え続けていくのを看過してきた長年の不作為に対するしっぺ返しでもあることをもっと自覚することから始めるべきではないか[19]」と危機感を訴える。

　もちろん組合だけに責任があるのではない。しかし同じ職場で劣悪な労働条件で働く人がいれば、雇用形態がどうあろうとまず声を聴き上げるのが職員（労働）組合であることも間違いない。

　つまり、実態として「安い悪い」の委託従業員の現状に向き合い、委託先の従業員の賃金を含めた公正・公平な待遇契約を定めた公契約条例の制定（例.2009年9月千葉県野田市が全国初）を求め、指定管理者の入札における総合評価方式の採用を求めるなど、様々な対応策はあるはずである。そして当局としっかり自治ワーキングプアとしての外部方式の従業員の改善措置を図っていってこそ、職場いや市民からも納得されるのではないか。

58

4　再雇用格差の実態

　最後に、民間企業ではよく使われる「再雇用制度」―公務員においては再任用職員の問題について述べるが、制度自体が法律を見ても公務員の場合は正規職員を準用したものである。

　再任用職員の課題は、第1に、常勤職員制度もあるが多くの再任用者が短時間勤務職員という「非常勤」であっても、他の非常勤職員とは様相の異なるものであること、第2に、正規職員退職時の職位が持ち込まれている（ある意味での「天下り」的側面）という点であること、第3に、やはり民間との格差の存在が、伺われることである。こうした角度から述べてみたい。

　そもそも再任用制度は、平成13年4月から年金制度改革により満60歳から受け取れた退職共済年金（民間においては退職厚生年金）が年金制度の窮迫を受けて、支給開始年齢を段階的に65歳へと引き上げていくため、定年後の雇用保障[20]という側面と、超高齢社会を迎えて意欲と技術のある高年齢者の能力活用という二つの側面から、60歳台前半の雇用延長を期して導入されたものである。

　当初の制度は努力義務であったが、現在は再任用を希望する者について、具体的な困難理由が無ければ、採用は義務となっている（もちろん能力面や健康面、勤務実績等問題が明らかにあれば採用されないことも当然ありうる。職員個人の絶対的な雇用保障ではない。）。

　地方公務員の再任用は、国家公務員とほぼ同様の内容が適用されるが、具体的には自治体の条例で、その内容を定めることになっている。その内容（基本となる国家公務員）であるが、フルタイム（常勤）勤務の再任用と、短時間勤務（現行制度では、週15時間30分から31時間までの範囲で定められる）の再任用で構成されている（国家公務員法第81条の5、勤務時間法

第 5 条第 2 項）。

　具体的にまずは、短時間勤務職員の例を見てみよう。各自治体での条例（なぜか定めていない市町村もある）で、再任用給料表に定められた給料表の当該給料があり、(その基本的考え方は、たとえば一般正職員の給料表の対応給料号級が 3 等級の 22 万円であり、週 38.75 時間勤務とする。一般職員で 60 歳定年後に再任用希望者が週 30 時間の短時間勤務を希望するとすれば、その給料は 30/38.75 × 220、000=170、300 円が月額となる。）

　そして再任用職員個人に関する諸手当や、さらに増額報酬（正職員の期末・勤勉手当相当する―すなわちボーナス）も支給される。また有給休暇や特別休暇もあり、「1 年更新」というものの、問題がない限りは、ほとんど自動更新的に、雇用が保障されているのが実態である。

　しかも現在 60 歳以上の再任用者は額の違いはあるが、「退職共済年金一部（厚生年金相当部分及び職域年金相当部分）」を受給している者がほとんどである（ただし、平成 25 年 4 月 2 日以降 60 歳に到達する者からは、退職共済年金一部も 61 歳時からの支給となり、以降 3 年ごとに支給が 1 年ずつ遅

表 6　堺市における再任用制度における正規職員退職前後の職位・名称

（平成 24 年 4 月 1 日以降）

正規職員時職位	再任用職員名称（職位）	勤務形態
局長級	ライン職部長　（部長級）	常勤（フルタイム）
部長級	総括参事役　（課長級） 参事役　　　（課長級）	短時間勤務
部次長級 課長級	総括職　　　（係長級）	短時間勤務
課長補佐級 係長級 主任 一般職員	一般職　　　（一般職員）	短時間勤務

（局長級・部長級は「いずれかに任用」）

出典：堺市ホームページ「堺市報道資料提供（平成 24 年 3 月 31 日）」及び堺市職員労働組合（堺市職労）ブログ「再任用・再雇用制度の見直し（2010 年 11 月 22 日）」を基に、筆者作成

れていく。60歳定年後での無年金期間がついにやってくる。)。以下、課題順に考察する。

第1の課題として、一旦正規職員として退職金をもらい、その上で退職共済年金（部分年金であっても）受給しながらの再度の雇用であるから、前々節で述べた「非常勤職員」とは全く異質な、"恵まれた短時間勤務者"というのがやはり適切な表現であろう。

第2の課題として、この制度にも現職退職時の職位によって、一般職員と管理職以上とでは多くの自治体で差がある。ここでは政令指定都市である堺市の例を見てみよう。

表6をみると正規職員が退職し、再任用職員に任用される場合、大別すると3つのグループに分けられる。

第1は、局長級・部長級の職員である。この場合は常勤の部長級のライン職フルタイム職員と、短時間勤務の課長級スタッフ職（総括）参事役に二分される。

前者は、長年の行政経験で培った知識、経験、ノウハウを最大限発揮するため常勤ライン職部長に任用される。後者は、課付けの再任用短時間勤務職員として任用され、特命事項に関する企画調整事務を担うものとされる。

第2は、部次長級・課長級の職員である。彼らは、原則短時間勤務の係長級の総括職に任命される。再任用職としては、総括的または困難な職務を行うポストとされる。

第3は、課長補佐以下一般職員までの非管理職員（堺市では課長以上が管理職である）である。これは文字通り短時間勤務の一般的な業務に従事する係員である。

退職時の職位は、従来は高位役職者にとっては、外郭団体等への就労の際に重要視されてきたが、外郭団体が統合されて、数が減少していく中、再任用制度が60歳定年後の基本的な雇用継続システムになり、改めて重要な要素であることを示しているのではないだろうか。

第3の官民格差を探索する。まず民間企業退職者の60歳以上65歳の雇

III　地方公務員給与の水準

用状況はどうなっているのであろうか。2008 年に実施された「高齢者の雇用・採用に関する調査」[21]をもとに見ていこう。

民間企業における現行の 60 歳以降の雇用延長について定めた法律は、改正高年齢者雇用安定法で、2006 年施行され、定年延長、継続雇用制度の導入などによる 65 歳までの段階的な雇用措置が事業主に義務付けられた。この法は 2013 年度から 65 歳までの雇用が義務付けられる (もちろん制度としての義務化であり、個々の従業員の雇用を絶対的には保障しない)。

さて雇用継続の方法であるが、まず継続雇用制度がある企業が 95.7% と大多数で、再雇用制度単独が 81.9% と圧倒的で、ほかには定年延長等という方法もあるが少数である。

継続雇用した際の雇用・就業形態（複数回答）は、嘱託・契約社員が 79.4％と大多数である。正社員が 23.0％、パート・アルバイトも 18.7％あり、この点制度が再任用という安定した制度に一本化されている公務員との大きな違いである。

継続雇用者の週所定労働時間は、40 時間が 51.3% と最も多く、次いで 35 時間〜 40 時間未満が 35.8％で、平均で 39 時間 15 分（これは公務員の正規職員の所定時間 38 時間 45 分を上回っている）である。

また継続雇用の週労働時間の規定は、フルタイム勤務 71.4％、フルタイムの四分の三程度が 18.2％、フルタイムの二分の一程度は 7.1% である。

フルタイム勤務のみ規定企業が圧倒的に多い理由であるが、「高齢者の積極的雇用という観点から当然ふさわしい」が 50.1％で最も多く、次いでフルタイム勤務でないと業務の遂行が難しくなるが 38.0％、（フルタイムでないと）労働時間管理が難しい（9.6％）等となっている。後述するフルタイム再任用職員が少ない公務員と、大きな違いがみられる。

もっとも大きな関心の、継続雇用者の平均的な年収である。継続雇用者の平均的な年収は 60 歳台前半のフルタイム勤務者で、300 万円台が 28.8％で最も多く、次いで 400 万円台が 19.6％で、この 2 つの階層で半数弱となり、平均額は 414.4 万円である。この金額は、サンプル企業が 50 人以上の企業

であり、人事院勧告のための、民間企業給与調査の基準と同じであり、重要な金額である。

ただし、この年収には、賃金・賞与のほか、企業年金（公務員では「退職金」にて既に退職時に一括に支払われているものの、民間企業では「退職金」とは、「退職一時金」と「企業年金」の二つであり、公務員サイドからみれば退職金の後払い分である）、公的給付（在職厚生老齢年金・高年齢継続雇用給付）を含むものである。

では、地方公務員のほうはどうか。民間企業と同じような調査は行われていないので、精密な検証は難しいが傾向をつかむためのデータを確認する。

まず、地方公務員の再任用数であるが、総務省の資料によると、平成23年4月1日で総数64,201人であり、フルタイム勤務職員は13,792人（総数の21%）、短時間勤務職員（時間数は不明）が50,409人（総数の79%）と、民間企業とは全く逆の傾向になる。

次に、地方公務員の平成20年度の1月あたり給料（ほかに各種手当と年2回ボーナスがあるが）の割合が厚生労働省のホームページに資料としてあるので参照しよう。

フルタイム勤務職員は、平均27万円が41.0%と最も多く、平均25万円が次いで24.2%、平均23万円が10.7%、平均29万円が9.0%と次ぐ。資料

表7　再雇用制度と地方公務員の再任用制度の違い（まとめ）

	再雇用制度（民間）	再任用制度（地方公務員）
根拠法律	改正高年齢者雇用安定法	地方公務員法第28条の4第1項 地方公務員法第28条の5第1項
目的	高齢職員の雇用保障と経験技術活用	60歳定年後の雇用保障と経験技術活用
性格	「雇用と年金の接続」と人的資源管理	「雇用と年金の接続」重視の職能活用
勤務時間	フルタイム職員が多数で従前と同様	短時間勤務職員が多く業務負担も軽い
雇用形態	嘱託・契約社員が主,パートもあり	正規職員規定を準用した非常勤職員
要員計算	正規職員と同様勤務時間であり同格	多くが短時間勤務であるが，同格（？）
ポスト	雇用形態自体が不安定で,多様	殆ど正規職員時より低いが固定安定
平均年収 推計総額	414.9万円	425万6千円（フルタイム職員） 423万6千円（短時間勤務職員）

Ⅲ　地方公務員給与の水準

からの平均給料は明らかではないが、平均として約 28 万円程度と推察した。
　これに各種手当を給料の 10％として、さらにボーナスを約 2 ヶ月とすると、平均年収予想は 30 万 8 千円＊12 月＋56 万円＝425 万 6 千円となる（在職なので退職共済年金支給額は場合による）。これは、「賃金＋賞与」のみの金額なのでかなり民間より高い傾向にあるといえる。
　では地方公務員では、多数派の短時間勤務職員の給料月額は、平均 19 万円が 33.2％と最も多く、次いで平均 17 万円が 19.0％、平均 15 万円が 14.4％、平均 13 万円が 13.8％と続き、これらで 8 割を超える割合である。
　これらは、多くの場合週 4 日勤務ないし週 3 日勤務者である。勤務日数が確定できないので無視する。平均給料月額 18 万円としてフルタイム勤務者と同様に計算すると年収推計は 273 万 6 千円である。民間平均より低いが、勤務時間の少なさを考えると自然といえる。
　また短時間勤務職員は、退職共済年金の厚生年金相当部分（金額により減額）を受給しているので、その金額を約 150 万円とすると総年収は 423 万 6 千円と推察され、短時間の勤務であっても、民間のフルタイム勤務者を上回る年収を得ていることになる。以上から年収でも、官民格差はあると思われる。
　あと、民間企業では、フルタイム勤務でないと人材活用や一人一人の業務が回らないと答えている。人的資源管理の立場に立つ民間企業の厳しさを表している。
　ところが地方公務員側は、フルタイム正規職員のポストをフルタイムではない短時間勤務の再任用職員に置き換えて、「人件費削減宣伝」に活用している。要員管理及び就業意識双方の甘さも現れている。
　再任用制度の趣旨は「単なる雇用保障ではなく、高齢者の行政経験・技術の活用」に本来の目的があるはずである。そして、その通り懸命に業務に励む職員がいるのも事実である。しかしである。国家公務員職場であるが、唖然とするような勤務態度の再任用職員への厳しい意見もある[22]。
　つまり再任用制度は現実の運用実態は、「建前と本音」を有したものであ

る。自治体当局は常にその運用実態把握と情報公開に努めるとともに、必要な能力と必要な職域を確定して、職員活用指導を行わなければならない。

　筆者の意見を含ませて今章をまとめておこう。そもそも給与水準は、マクロ経済的に見れば、経済成長の雇用者への配分割合によって決まるものである。今章では1990年代以降の「失われた20年」の経済停滞の中で、官民格差、非常勤職員、外部方式、再雇用格差等の問題を見る中で正規公務員給与の様々な相対的高さがあることを明らかにした。

　その責任をひとり公務員労組や一般公務員に移し替えることが正しいであろうか。確かに、今に至ってもまだ"わたり"が残っていたり、正職員のみが組合員として立場を保障されたり、組合役員が不正事件を起こしたりする例を見るにつけ、公務員組織や公務員職員（労働）組合に大きな社会的責任があることは、今章の事例を参照しても確かであろう。

　しかし、給与格差を生み出したのは、長年にわたる経済政策の失敗であり、その大きな責任は政府にあるのではないか。また地方においては、給与格差を放置したのは地方自治体—首長の責任が大きいことも事実である。

　こうした背景があるからこそ、自治体首長選挙に、職員給与（もちろん特別職である自分の報酬も）削減をメイン公約にして当選する者が少なからず出てくるのもある意味当然であろう。

　だが、政治的信任を受けたからと、内部管理事項の要素をも含む給与問題を、一方的に削減断行するのは、市民の一定の支持があっても、全面的に賛成とは言いかねる。

　地方公務員給与格差の是正は、当事者である様々な職員の立場や意見を踏まえた上で、再度市民等に説明ができる科学的な客観性・公平性・公開性をもった給与政策といえるものでなければならない。

　今章の地方公務員給与水準を考察し、各種の格差実態を確認して出てきた改革の方向性は以下の4点である。第1には、給与構造改革で謳われている極端な年功序列給与から職務級給与の徹底である。

　第2には、官民や自治体間での様々な根拠の不明確な格差を是正すること

III 地方公務員給与の水準

である。これには基本となる民間企業給与水準の、より広範囲で国民・市民に納得される調査と、その水準の公開性が決めてとなろう。

　第3には、いまだに残るわたりや、現業職の行政職給料表の運用など、自治体内部職種・職能級原則に反するシステムの早急な是正—法の原則の徹底である。

　第4には、非常勤職員問題にみられるような不透明な任用が行われる一方で、安易に低賃金雇用者を増やし続け、しかもそれらを市民サービスの基幹部隊として、使い捨てにするような人事給与政策理念なき、行為は是正しなければならない。

　まず自治体内非正規雇用者に、同一労働同一賃金の原則を適用し、給与格差の縮小を図り、ここにも職能給を取り入れることが肝要である。また外部化—アウトソーシング職場の雇用者には、委託における総合政策入札制度の導入や、指定管理者制度における公契約制度の原則導入等をはかり、自治体正規職員との賃金等の格差是正を図ることである。

　最後であるが、そのためには、公務員組織、労働組合の責任も大きいが、最終的には給与の配分と決定権の責任者である首長が、具体的に定める給与システムの重要性の再認識が、なによりも大きな要素であろう。

注
(1) 西村・前掲「給与政策」242 〜 246 項
(2) 川崎一泰・長嶋佐央里「地域における給与の官民格差に関する統計分析」『会計検査研究』第 36 号 107 〜 123 項
(3) 国歌公務員の場合は「俸給」である。なお俸給は調整額を含んだものである。
(4) 川崎他・前掲「統計分析」113 項
(5) 川崎他・前掲「統計分析」119 項
(6) 総務省ホームページ「地方公共団体における独自の給与削減措置の状況 〜（平成 23 年 4 月 1 日現在）」http://www.soumu.go.jp/iken/kyuyo.html
(7) 総務省『平成 23 年地方公務員給与の実態』36 〜 39 項
(8) サンケイ新聞朝刊 昭和 58 年 4 月 7 日
(9) 坂本充郎『地方公務員』8 〜 14 項

(10) 三重県ホームページ「現業職員の給与等の見直し方針」（参考）現業職員給与の現状 (1) 〜 (5)
この中の（2）「現業職員における平均給料月額・平均給与月額・平均年齢等」において三重県は、平均給与月額 37 万 1 千百円（平均年齢 46.6 歳）であり、国の 32 万 5 百円（平均年齢 48.8 歳）を大きく上待っている。
(11) 大谷基道「地方自治体における非正規雇用の現状」『年報自治体学第 21 号』130 項。
(12) 鵜養幸雄「『非正規』な公務員という存在」『政策科学 19 巻 3 号』立命館大学政策科学紀要 199 項。
鵜養は、法令上の用語ではなくかつ公務員には一般的には用いられないが他方公務外では「非正規雇用」等の語が多用されている状況を踏まえ、あえて「非正規」という語を用いて「非正規公務員」という言葉で臨時・非常勤職員の問題に鋭い提起を行っている。
(13) 上林陽治『非正規職員』22 〜 23 項。
(14) 藤田和恵『ルポ　労働格差とポピュリズム　大阪で起きていること』18 〜 22 項。
(15) 今井照『自治体のアウトソーシング』3 項。
(16) 坂田期雄『民間の力で行政のコストはこんなに下がる』3 項。
(17) 布施哲也『官製ワーキングプア』182 項。
(18) 藤田・前掲「大阪で起きていること」27 〜 30 項。
以下 2 つの事例が報告されている。
第 1 に大阪市水道局の事例である。ある営業所では正規職員 40 人とメーター検針やデータ入力を業務委託した会社の従業員 80 人が一つのフロアにいる。ところが、委託先従業員 80 人は片隅の四分の一スペースにひしめき合う一方、正職員 40 人はスーツ姿で広々としたデスクに陣取っている。これに問題を感じる正職員はいないらしい。そして委託先の従業員の賃金は 40 歳台男性で基本給は 11 万円という。勤務時間を考慮すると最賃以下であるらしいが、組合や社会的問題にもならずにきている。ある一人の従業員インタビューでは、彼は以前からこんな状態で、新しい市長の責任ではないと言う。また新市長の誕生時には、正規公務員やその労働組合に市民が怒ったと「どうや、思い知ったか」という達成感があったとも表明。この著者は民営化等の新市長の手法に疑問・反対の意見を持っているのだが、当事者の彼はそれにも賛成を表明する。そこにあるのは「今まで、何か政治行政がしてきたのか」という強い既成政治行政への不信であるという。第 2 の事例は大阪市交通局である。周知のとおり大阪市のバス事業は 29 年間赤字決算であり、黒字の地下鉄と併せての交通局の民営化が 2015 年を目途に着々と実施に向けて動いている。既に大阪交通労働組合（大交）の中村義男執行委員長は、「（組合員の）雇用や市民の足が守れるなら経営形態にはこだわらない」（毎日新聞 平成 25 年 1 月 17 日）と民営化を容認する姿勢を取っている。さて市が出資する株式会社大阪運輸振興に委託されたバス路線を運行する運転士へのインタビュー事例である。委託会社の運転手社員の年収は 300 〜 400 万円である。高年齢化していても平均「年収 740 万円の市営バス運転手」とは大きな差である。3 人の社員が意見をいう。皆共通してい

るのはここでも市役所組織や組合に対する批判である。つまり、市職員や大交の口利きで委託会社に入った人間から正規職員になっていくのだという。さらに不公平は、正規職員への採用（当然「選考試験」なのだが）のみならず、正規職員の働きぶりにも及ぶ。委託社員は残業が一日平均一時間半程度あるが、正規職員はほとんどないそうである。でも基本賃金は半分以下で、休日出勤や残業をしないと生活できないのが事実だという。

(19) 藤田・前掲「大阪で起きていること」62項。
(20) 再任用職員については、正規職員退職前の勤務実績等による選考により採用される者であるので、既に能力の実証はできているものとして、条件付き採用（新規採用者における6ヶ月間等）の規定は、地公法第28条の4第5項により適用されないものとされている（猪野積『地方公務員制度講義』71項）。たしかに再任用時点ではそうであろうが、1年後以降の更新時点でどのように勤務査定（単なる出勤率等）ができているのか疑問が残る。まして正規職員全員に人事評価制度が導入されていれば、当然その対象として被評価者となるべきであろう。
(21) 藤井宏一「高齢者の雇用・採用に関する調査結果」独立行政法人労働政策研究・研修機構2010年。同機構の藤井氏により高齢者の雇用や採用に関する各企業の取り組みを明らかにするため、全国の従業員数50人以上の民間企業15,000社を対象に、郵送調査を2008年8月から9月にかけて行われたもの。有効回答数は3,867社（有効回収率25.8％）。
(22) 以下のような実態報告がある。ある労働基準監督署に通常の非常勤職員として勤める児島さん（仮名）は年収96万円。彼女にとっては「一度退職したのに"天下っている人"」が再任用職員である。その勤務態度に怒りを覚え我慢がならないという。本来再任用の人と児島さんの仕事は同じなのだが、机に座っても仕事らしいことはなく、私用の自分の手紙を書くばかり。席をはずせば署長室へ行って（署長は再任用職員の後輩になる）おしゃべりばかりとなる。さらには再任用職員から、「仕事を教えてほしい」と頼まれる。たとえ他の部署にいたとしても同じ監督署に勤めていたのにあまりに仕事を知らないでいたことに驚くという。さらにある時あまりにも再任用職員の態度が悪いので署長に訴えたが、何の変化もなかったという。しかも彼らは彼女より多くの報酬を月に得ているのだという(布施・前掲「ワーキングプア」21～22項)。さて布施がこのような聞き取った状況は当該労働基準監督署だけの事態であろうか。似たような状況が当然地方公務員職場にないと言い切れるであろうか。再任用で「経験・技術を活かす」と言っても、過去の仕事と現在の仕事とは全く環境が異なる。たとえば地方自治体の現場事務職場であれば、情報技術処理スキル、業務スピード感、コミュニケーション能力や様々な業務マネジメント能力スキルの自己開発等、全く次元が違うといってもいい。卑近な例を挙げれば、60歳台の再任用職員にパソコンが苦手な職員は少なくない。しかし今パソコン能力が無ければ、時間給800円のアルバイト事務員にも採用されることはまずない。ところが、それが「私は苦手でできない」で通ってしまうことが現にあると聞く。これでは、他の非常勤職員も、そして「先輩方」として対応しなければならない現

役正規職員にとっては負担増の存在となるだけである。再任用職員は正規職員が削減される中では本来貴重な戦力職員なのである。もちろん、こうした者が多数いるわけはないであろうが、先に参照した現業職員の例ではないが、若い非正規職員は低賃金や雇用不安に苦しみ、将来の年金の保障も危うい。こうした多数の「児島さん」らから見れば再任用職員と生涯賃金を比較計算すれば完全に「世代間格差」であり、また実感的には「特権階級人」以外の何者でもないと指弾されるであろう。

Ⅳ　地方公務員給与の適正化

Ⅳ　地方公務員給与の適正化

1　自治体経営と給与カット

　地方公務員給与の歪み是正は、低成長期になって、ようやく軌道にのったが、給与体系・人事施策の再編成（**表8参照**）の視点からみれば、むしろ逆行している、節もみられる。
　第1の年功序列給与体系の職務給への変更は、"わたり"廃止が、すすんでいるが、運用の問題であり、給与体系は、従前のままである。
　第2に、均衡論による格差是正は、官民・官公・公公格差は、近年、縮小していった。ラス指数は、平成15年度にやっと、100ポイントになったが、政府が、国家公務員給与を25年度7.8％削減したので、官公格差が、また大きく逆転した。
　第3に、給与決定のルールは、首長の財源・政治主義の台頭で、踏みにじられ、給与原則の基本も、形骸化しつつある。給与関係の情報開示・実態分析をすすめ、暴走に歯止めを、かけなければならない。

表8　地方公務員給与システムの改革課題

年功序列給与体系の改革	職務給導入・一般職給の新設
給与水準適正化への改革	官民・官公・公公職種格差の縮
給与運用システムの改革	わたり・昇給短縮・勧奨退職金廃止
給与決定システムの改革	団体交渉の尊重・給与分析の公表

　さらに現在の給与削減は、自治体経営との関連でみても、当面の財源対策という、姑息な対応の域をでない。自治体には行政経営資源として、資産、情報・マンパワーといった、貴重な資産を保有している。

これら資源の活用方針・戦略が、貧困であれば、自治体経営も、窮地に陥る。土地では土地開発公社が、巨額の塩ずけ不良資産をかかえ、資金運用でも、外債のデホルトで、紙屑同然の悲惨な結果を、まねいている。

マンパワーは、物的資産とことなり、数値化がむずかしいが、高度成長期の採用職員には、いいにくいが、実質的に人的不良資産とみなされる職員もいる。1人当り生涯賃金2億円を考えれば、自治体の人事・給与方策が、拙劣なのは不思議なくらいである。

人的資源の有効活用という視点から、見直す転機である。第1に、自治体経営（**表9参照**）をみると、減量経営方式が、ベストの経営かである。減量経営は、初歩的対応で、即効性はあるが、効果の限界が、すぐにみられる。毎年、人件費1割カットはできなし、首長がかわり、情勢が変化すれば、必ず膨張する。

施策経営は、減量経営より、実効性は大きい。正規職員を減員し、非常勤に変更すれば、コストは半減する。外部方式のメリットも、非常勤と同様の人件費削減効果が、期待できる。しかし、さまざまのマイナスの副作用も、発生する。

職員という人的資源を、可能最大限に活用するにはどうしても、政策経営方式での実践となる。非常勤職員もふくめた、給与体系再編成によって、長期的削減を確実にし、人材活用で、自治体経営の向上をめざす、戦略がすぐれている。

表9　自治体経営手法と人事給与改革

区　分	基本的体系	人事運用	給与抑制方法
減量経営型	年功序列体系	勤務評定	ラスパイレス指数
施策経営型	選別型体系	能力評価	外郭・民間方式
政策経営型	職務給体系	実績主義	人事給与制多様化

Ⅳ　地方公務員給与の適正化

　政策経営の視点からは、非常勤職員の正規化・給与運用の民主化科学化・職員政策能力の涵養という複合効果を、もたらす給与行政の正常化が、最終到達点である。

　第2に、財源主義・政治主義による給与削減は、たしかに給与総額は、減少するが、公務員給与が、内蔵する矛盾は、肥大していった。一般的に削減は、管理職に厳しい削減で、職務給の形成からみれば、逆効果的対応である。

　これでは自治体で、降格希望者が、おおくなり、管理職でも、行財政運営へのモチベーションの維持も、容易でない。職務給給与の形成には、批判もあるが、身分的給与体系でなく、職種・責任におうじた、職務的給与である。

　プロスポーツで、全員同一俸給では、そのチームは、絶対に優勝できない。しかし、プロ野球といった、個人別データが、えられやすい労働でも、年俸の交渉は、もつれている。給与体系の改革には、業績・賃金などの、科学的評価データが必要である。

　もっとも"わたり"が、廃止されると、大学卒で定年時給与は、担当職員で月給40万円前後、管理職の最高で、60万円程度となり、まずまずの職務給的給与となる。今後は、昇進人事などで、実効性のある実績評価人事が、急がれる。

　公務員の生涯人件費は、給与だけみているが、退職金・年金・再雇用費に、さらに人事管理費・庁舎占有コストを、加算すると、約3億円にもなる。3億円というコストを、考えれば、新規職員採用を、簡単な面接だけで、決定してよいはずがない。

　自治体財政運営の感覚は、物件費に敏感で、1万円の備品購入には、神経をつかうが、3億円の職員採用には鈍感で、簡単に処理している。しかも同じタイプの職員を、採用しているが、これでは外圧との競争力に欠けるだけでなく、さまざま外来病菌への免疫性が、弱すぎる。ともあれ物件費偏重の財政運営は、卒業すべきである。

　第3に、新行政経営主義による、能力・成果主義といった、人事管理が、流行しているが、人事行政の検証は、為されていない。相対評価など、性急

な人事評価の導入は、駄目職員を駆逐できても、その他職員の勤労意欲は殺がれ、人事効果がマイナスである。

駄目職員への制裁は、地公法による懲戒処分で、対応すべきで、人事評価にはなじまなく、重視されるべきは、プラスの人事評価で、従来の減点方式からの、コペルニスク的転換が求められる。

給与人事改革の政策方針としては、第1に、自治体における事務事業の5割以上は、補助的事務であり、現在の給与体系で処遇する、高次の管理・政策事務でない。

この基本的な事務事業と、給与体系のズレから、派生する膨大な浪費をもたらしている現実を、直視しなければならない。

地方財政の人件費24兆円として、補助的業務が半分として、補助的業務給与を、現行の半分とすると、最終的には4分の1の6兆円の減額見込みとなる。しかし、給与体系の改革ではなく、人件費対策は、非常勤・外部方式で処理され、そして緩慢な給与削減が、主流となっている。

第2に、給与・労務管理からみて、サービス的施設のおおくは、公立民営方式の全面・部分移管を、導入せざるを得ないであろう。ただこのような変則的複合施設の経営について、どのような管理システムを、適用していくかである。外郭団体方式の失敗という、苦い教訓をふまえて、自治体の管理能力が、問われる分野である。

第3に、官製ワーキングプアーの活用は、給与総額が、減少しても、実労働力は低下しない。給与・人事施策からみれば、巧妙な選択であるが、自治体が、社会的弱者を、うみだしていってよいのかである。

第4に、政策経営の視点からいえば、給与・人事再編成（**図6参照**）は、民間企業と同様に、一般職（事務補助職）・総合職（管理職）といった、明確な人事・給与政策にもとづいて、一般行政職を区分する、決断をする時期である。

まず非常勤職員の正規職員化を、実施すべきで、人件費はふくらむが、自治体が、補助的職員の採用は、今後、この給与システムを、適用して、採用

すれば、長期的には給与総額は、減少していくはずである。

つぎに自治体は、入口選抜方式を採用しても、国家公務員のような、身分的選抜でなく、総合職による平等的競争主義で、昇進人事を運用し、長期戦略で、給与削減と人材活用の達成をめざすべきである。当然、一般職も総合職と同様に、競争試験で、昇進の機会均等が、保障されるべきである。

理想的給与体系の形成には、伝統的行政管理手法から、脱皮すると同時に、新行政経営主義の安易な導入を排除し、公共経済学にもとづく、政策型行財政運営を、構築していく方針・戦略が、不可欠である。

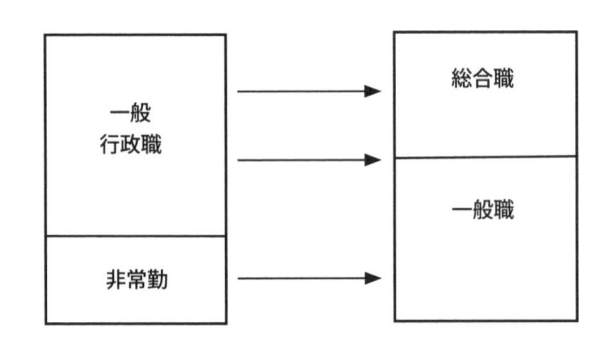

図6　給与・人事再編成

2　非常勤職員正規化と外部公募人事

　自治体が、かかえる最大の緊急課題は、非常勤職員の正規化である。人件費総量規制を、余儀なくされた自治体は、当初は、外郭団体・民間委託方式とかでしのいでいた。

　しかし、財政悪化が、長期化すると、外部方式だけでは、追いつかず、内部方式として、非常勤職員の大幅な導入、そして今日みられる、非常勤職員の常勤化という、偽装的常勤化がひろがっていった。[1]

　非常勤職員は、賃金が低いだけでなく、雇用の保証がなく、しかも業務は、サービス現場の実質的責任者という、正規職員以上の任務を、課せられている。非常勤職員は、解雇の恐怖と戦いながら、ストレスのきつい、行政サービスの最前線で、苦闘している。

　これらの不合理に、耐えられなくなった非正規職員、雇用を突然、打ち切られた臨時職員が、提訴して、おおくの勝訴判決を、ひきだしている。しかし、個別事案の解決であり、損害賠償では、金銭的補償はえられても、雇用の喪失という、痛手はのこる。[2]

　非常勤職員の不合理性については、次第に関心が、深まっているが、改革は、遅々としてすすんでいない。わずかに日々雇用職員を、3年間の短期期限付雇用の法律を制定し、自治体の脱法的継続雇用に、歯止めをかけたぐらいである。[3]

　自治体による直接的雇用のみでなく、外部方式による間接的雇用のワーキングプアーも、非常な勢いで、増加しつつあり、しかも賃金・勤務条件は、直接雇用より、劣悪化している。[4]　自治体の非常勤職員への対応は、抜本的な変革がせまられている。

　第1に、官製ワーキングプアーといわれるが、今日では自治体の貴重な

基幹的マンパワーである。にもかかわらず給与水準が、低いのみなく、身分も不安定である。[5] これでは非常勤の制度疲労で、行政自体が、破綻に見舞われ、突如、大量の退職者がでれば、サービスは、完全にダウンしてしまう。

第2に、非常勤職員は、長期化するにつれて、専門知識も蓄積され、非正規職員は、あくまで補助的役割という、理屈はくずれ、実際の業務処理で、主客転倒がおこっている。そのため賃金と労働との実質的格差は、ますます拡大し、非常勤制の矛盾も、増殖されている。

第3に、非常勤職員の身分は、複雑に細分化され、労務管理においても、利害関係が、錯綜して、行政効率の低下・職員環境の悪化を、ひきおこしている。類型化すると、賃金・期間・身分も、さまざまである。そのため非正規職員の間で、階層化と差別化が、深化しつつある。

このような非正規職員の給与・勤務実態調査をふまえて、自治労報告書は、その改善策を、提言しているが、事態は、容易に進展せず、依然として、理不尽な状況にある。[6]

非常勤職員の立場は、法令上も曖昧であり、低賃金のままで、生殺しのような状況である。この問題を打開するため、たとえば東京都荒川区が、2007年3月にうちだした、非常勤職員を対象とした、待遇格差是正策が、大きな反響をよんだ。しかし、総務省が、導入に異議をしめして、波紋をひろげた。[7]

荒川区が、非正規職員の待遇改善・雇用安定策を、導入しようとする背景は、第1に、荒川区の正規職員削減率は、24年間で34.9％、特別区平均の約12％より、はるかに大きい。正規職員は、この間、2,446人から1,593人と減少した。その結果、この減員を、非常勤職員で、補充するため、約400人にまで膨張した。

事実上、非正規職員が、基幹的マンパワーとなったが、待遇がきわめてわるく、行政効率向上、市民サービス充実のため、現状のままでは問題があり、組合の要求と、区長の改善姿勢が合致し、事態打開となった。[8]

改善の内容は、第1に、「統一基準に基づく採用」であり、地公法第3条

第3項第3号を、根拠とする特別職非常勤職員であった。そのため任用期間は、原則1年で、更新は可能であるが、絶対的な保障はない。

ただ統一基準で採用され、従来との比較では、非常勤であるが、知識・経験が、豊富であり、結果的に再雇用され、継続勤務の可能性が高いが、制度的には定着していない。

第2に、「能力・技量・責任におうじた職層の新設」であり、従来、経験・能力に関係なく、賃金はおなじであったが、主任非常勤職員について、筆記試験・勤務評定で、選考される。要するにわずかであるが、賃金格差を設定して、賃金引上げの要請に応じている。

第3に、階層におうじた報酬・超過勤務には、追加報酬の支給など、経済的給付を行うこと、さらには有給休暇・福利厚生についても、正規職員に準じた取扱とする。しかし、アキレス腱は、法的に任期保証がないことである。

この荒川区の措置に対して、総務省は、新しく創設された、短期期限付職員の採用で、対応すべきとの指導がなされた。[9] しかし、任期付職員は、雇用期間が3年で、基幹職員化した、職員の採用は、想定しておらず、賃金は均一である。

荒川区方式は、正規職員採用ルールの脱法的措置であり、人事行政の混乱を、もたらすとの批判がある。

どちらがすぐれているか、荒川区方式と任期付職員方式のメリット・デメリットを比較してみる。

任期付職員方式は、正規職員に準じる待遇が保障され、荒川区方式より充実している。ただ業務は、補助事務であり、給与も均一一律的で、基幹職員化しつつある、現実の人事には、対応できない。しかし、再雇用時に、段階的賃金を、適用していけば、基幹職員のニーズに対応できる。

要するに基幹的職員が、必要であれば、正規職員でという、総務省主張は、正論であり、正統な合理的根拠がある。現場サービスの責任を、非常勤職員に担わせるは、二重の意味で、無理がある。

結局、自治体が、その気になれば、3年勤務の後、再雇用が、脱法的であ

るが、不可能ではない。荒川区方式もこの脱法的雇用継続方式を採用しているが、同じ脱法戦略であれば、期限付採用の方がすぐれている。

　非常勤職員の正規化には、困難な課題であるが、自治体の「権限なき地方自治権の活用」が、求められる。かつて公害防止協定・宅地開発指導要綱など、高度成長期、都市問題に果敢に挑戦し、事実上の問題解決を図っていった。

　自治体に求められるのは、折角、政府が任期付職員の制度を、制定したのであるから、十分に活用し、長期職員、さらには正規職員への門戸を、開拓する、「制度を活かす精神」「制度をつくりだす精神」の発揮で、既成事実を、積み上げる前傾姿勢である。

　第1に、中途半端な正規化は、戦後の22条・17条職員と、同じ問題を誘発する。この問題は、高度成長期に組合運動の成果として、ほぼ全員が、正規化されたが、財政的後遺症と化した。

　補助的職員のみでなく、職員食堂・エレベータ・タイプ室・庁舎清掃職員など、ひろい範囲にわたった。このため厳しい採用試験をうけて、採用された、正規職員にしてみれば、嫉妬心とはいえ、勤労意欲を削がれた。

　第2に、非常勤職員としては、不満があるが、給与格差より、雇用の安定化のメリットが大きい。そして勤務形態も、柔軟な形態を、選択できるのがのぞましい。地方公務員法は、雇用形態を、あまりにも硬直化させたが、実際は脱法的雇用が、はびこり、実効性はない。

　第3に、今日の非常勤職員の正規化は、地方公務員の給与体系の抜本的改革（**図6参照**）を、前提条件として、断行しなければならない。それは本来の行政サービス職員に、適用される、個別給与表を設定し、雇用は、保障されるが、低水準で、ゆるやかな昇給カーブの補助事務給与表を、適用するしかない。

　現在、行政職の1級は、月給15万円からはじまり、20年ぐらいで25万円程度に昇給するので、この給与表を、別枠組で設定し、現在の行政職1・2級は、廃止すればよい。

　第4に、正規職員への転換は、採用試験をえて、実施されるべきで、非

常勤職員で、長期勤務職員から順次、正規化職員への採用への資格が、与えられる配慮すべきである。

人事施策としては、期間任用職員の勤務実績にもとづいて、採用試験の資格を、付与することになる。この点、正規職員の仮雇用期間は、6ヶ月と短い。

第5に、非常勤職員の正規化職員は、ラス指数の低下に寄与し、政府の自治体人件費攻撃を、封じ込める効果も、見込まれる。さらに職場環境の空気も、改善されるであろう。

反対に正規化によって、勤労意欲が、低下する現象も、発生するが、それは正規化職員の状況と、同様であり、一般的な労務管理問題に、還元される類の問題である。

第6に、非常勤職員の正規化職員化は、けじめをつけた、雇用形態・給与体系を、適用させなければならない。悔やまれるのは22条・17条職員の正規化の時点で、適切な対応がなされるべきであった。

今後は、この補助職員給与体系にもとづく、一般行政職の採用がのぞましい。すなわち国家公務員と、同類の入口選別であるが、身分的選別でなく、一般職と総合職といった区分であり、補助業務と基幹業務の区分である。

しかし、これらの区分は、国家公務員とことなり、固定的でなく、昇進試験による、昇格のルートが、開かれている、人事システムを、設定すべきである。創造的破壊とは、このような既存システムの廃止による、より合理的な新システムの創出である。

おなじ外部マンパワーの活用でも、民間公募人事は、非常勤職員問題とは異質で、その功罪の検討が必要である。自治体の雇用形態も、多様化し流動化しつつあるが、性急な民間人採用で、すべてが解決されるとの、幻想をふりまいている。

民間公募方式は、大阪市の全区長・市立高等学校校長の公募（方針）など、自治体幹部職員の公募方式がつづいている。区長の場合は、前区長も数人いるが、多彩な人材を調達している。さらに市役所幹部の民間人登用も、25年度にはさらに拡大される。外郭団体の経営者の民間人採用をくわえると、

Ⅳ 地方公務員給与の適正化

かなりの人数になる。

　第1に、民間人が、それほど優秀かである。外部人事の導入は、中央省庁の地方自治体への天下り人事についても、おなじことがいえる。地方公務員が、行政手腕を、発揮できないのは、従来の首長・議会・組合、さらには市民までが、能力を発揮できない、行政環境を、培養してきたからである。

　もし十分な環境と権限を、首長が、職員に付与すれば、改革達成の能力があり、民間より、優れた実績をあげられるはずである。すべて職員が、保身的で打算な職員ばかりでなく、職務に忠実であり、改革意欲のある職員もすくなくない。

　庁内で、職員による行政批判ができないような、行政風土のもとで、職員が、無能力で行政実績があがっていないと、速断するのは間違っている。首長のリーダシップとは、当該職員に明確で、適切な方針をしめして、全権をあたえ、責任は首長がとるという、決断ができるかである。[10]

　くわず嫌いのようなもので、職員は、無能という先入観で、外部人事を導入しても、短期的に目新しい成果を、うみだしても、長期的には、マイナス効果となりかねない。

　第2に、行政経験のない素人がきて、いきなり卓抜した改革の処方箋が、描けるはずがない。それは生活保護行政をみても、補助金行政の規則・拘束があり、思いつきで、変更できる類のものでない。要するに空中戦でなく、塹壕戦である。

　現地のケースワーカーなどが、プロジェクトチームをつくり、改善案を作成して、地道な措置を、遂行するしかない。首長が、明確な方針・具体策をしめさないで、状況の欠陥だけを、マスコミに宣伝しても、改革がすすむはずがない。行政倫理からいっても、行政責任の転嫁との誹りは免れない。

　外部の民間人がきて、民間ではこうだといわれても、生活保護の現場は、民間のようにはいかない。民間的発想では保護費削減が、目的であるが、行政では保護費増大が、目的であり、論理がかみあわない。

　むしろ外部人事によるスポイルシステム（猟官性）の弊害が、必ず官庁組

織を、蝕んでいくであろう。首長が、自治体の職員活用を毛嫌い、外部人事に活路をみいだすのは、自殺行為・責任転嫁であり、首長の政治評価はあがるが、行政改革効果は、別である。

　第3に、アメリカ・イギリスでは、自治体の幹部職員は、外部調達方式であるが、全国紙・地方紙に、職種・報酬・任期などを広告して、公募する。採用は、議員・副市長・関係局長・民間代表などで構成される、採用委員会が、口頭面接で行われる。

　日本とことなり、自己業績調書が、充実しており、自分が、これまでどのような実績をあげてきたかが、列挙されている。一般的に10万都市の都市計画局長が、50万都市の都市計画局長に応募しており、実績評価が、人物評価とともに重視されている。したがって採用後も、大きなトラブルもなく、即戦力として活躍できる。[11]

　第4に、安易な外部人事が、横行するのは、科学的合理的な人事施策を、実施してこなかったツケである。さらに職務給給与体系をつくり、上下格差のある給与を、適用していくにも、その前提としての人事が、実績にもとづく、人事でなければならない。

　試験制度を導入して、情実人事を排除し、業務実績主義にもとづく、人事の定着が急がれる。勤務評定の相対評価導入、短期業績褒賞方式、能力成果主義など、人事評価方式の導入が、拙速的に行われているが、百害あって一利なしといえる。

3　給与体系・人事評価の再編成

　政策経営がめざす、給与体系の再編成は、生活給保障が、必要条件であり、職務給が十分条件である。職員が安心して、職務に専念でき、昇給が、職員の改革インセンティブを刺激し、行財政効率が、向上する給与体系の形成である。

　この点について、「地方公務員全体としての最低限の身分・待遇保障を継続させつつ、自治体と職員・労働組合・議会・住民が納得できる自治体独自の給与決定基準を作り上げ、これに基づいて労使交渉を行うような自律的交渉型」[12]が、のぞましいとされている。

　原則は、たしかに庁内合意にもとづく、給与決定であるが、問題は人事との連携である。極論すれば、職務給を採用しても、行財政効果が、発揮できなければ、職務給採用の意味もない。理想的な給与体系の処方箋を、どう描いていくかである。

　第1に、合理的な給与体系形成には、地公法の原則に、回帰するしかない。財源・政治主義による、政策なき力による減量では、給与問題は混乱し、永久に解決しない。戦後、地方行政の過程で、培かわれてきた、職務給の原則、均衡の原則、情勢適応の原則などを、現状に対応でるよう、自己努力を継続することである。

　官民格差をみても、近年の民間給与の急激な低下は、経営合理主義のむしろ悪しき現象であり、日本経済デフレの元凶で、この現象に追随する必要はない。公務員給与は、好況期には、反対の現象に見舞われるが、民間の暴騰・暴落する給与に、あわせる必要もない。

　むしろ均衡論・生活論から、変動を調整する、メカニズムが、公務員給与には作用するのが、経済全体からみても、好ましい影響をもたらす。

3 給与体系・人事評価の再編成

　第 2 に、適正な給与体系の編成には、実質的な格差是正の遂行、すなわち市民的合理性からみて、不断の改革の遂行となる。自治体は、官民・官公・公公・職階・世代・身分格差と、おおくの格差があるが、格差是正へ真剣に、政策的なメスをいれ、時代に対応した、給与体系の歪みを、治癒しなければならない。

　官民格差について、全国指標でなく、地域格差をふまえた、現実的な調整がいそがれる。官公格差は、縮小させていかなければならないが、人事形態の差異と考えると、ストレートに「国に準じる」必要はない。しかし、ラス指数という、比較基準は遵守し、自治体の適用した、是正方法で対応すればよい。

　公公格差については、都市部と郡部との格差は、民間格差をみても、地域差は大きく、大都市と山村僻地の町村で、数パーセントも差がないのは、均衡原則にそぐわない。鹿児島県阿久根市で、公務員 800 万円・民間 300 万円という、官民格差が、選挙の争点となった。

　各公務員の給与が、選挙戦術として、ネットで公開されるという、行きすぎた情報操作がなされたが、人事院・総務省も、町村における官公格差の実態調査を、実施しているが、逆地域格差は、なかなか縮小しない。

　職階格差は、現行給与体系では、きわめて小さいので、格差拡大方針を基調とすべきである。さらに職種についても、給与表も、一般行政・警察・消防・医療・技能職といった、大雑把な括りでなく、可能な職種から分離して、税務・給食・保育・介護職などと、分離体系がのぞましい。

　第 3 に、公平な給与体系の適用には、庁内格差での実質的是正を、達成できるかである。減量化は、なんらの公平的効果も、生み出さない。重要な点は、官庁給与が、内蔵する、悪しき平等原則の淘汰である。

　官民・公民格差は、均衡メカニズムが、稼動するが、一般行政職と技能労務職、正規職員と非常勤職員との身分格差は、放置したままである。正規職員の給与カットの財源を、非常勤職員の正規化に、流用する衡平の改革はうかがえない。

Ⅳ　地方公務員給与の適正化

　歴史的視点からみて、適正な対応・システムを、形成しなければならない。給与体系における上下格差は、明治30年の府県官吏の年俸は、勅任官3,194円、奏任官779円、判任官245円、傭126円、平均265円で、今日と比較して庁内格差は、かなり傾斜がある。

　しかし、今日、非常勤との給与格差をみると、明治時代よりひどい。判任官と傭との差は、2倍であるが、正規職員と非常勤職員の差は、2倍をこえるのでないか。さらに給与・身分・勤務形態が、さまざまな職員が、存在することは、人事行政にとっても、厄介な問題で、勤務意欲・行政サービスにも影響する。

　戦前、府県において、同様の問題が、地方待遇職員で、さまざまの身分・給与の職員が、本来の府県官吏嘱託雇以外に存在し、府県の人事当局は、悲鳴をあげていた。さすがに戦時財政下になり、急速に整理されていったが、公務人事には、安易な対応から、人事・給与体系が、錯綜する。[13]

　第4に、職務給に対応した、職階制が構築されているのかである。本来、日本の給与も、職階制にもとづく職務給で、上下格差のあるシステムをめざしていたが、平等主義で、フラット化された、給与となった。

　そして人件費攻撃が、強まると、非常勤方式を活用していき、フラット化を、維持してきた。非常勤をふくめた上下格差のある、給与表へと、再編成されなければならない。

　アメリカ・イギリスでは、給与表のランクは、数十段階あり、おなじランクの上昇は、数段階しかなく、数年で昇給は、ストップする。試験をうけて、昇格するしか、給与はあがらない。日本の給与表は、縦横逆で、試験なしでかなりの昇給ができ、わたりがあれば、部局長と、同水準までいけた。

　フラット化された給与体系、年功序列的昇進制度が、自治体の人事・給与行政を、無力化し、「無駄の制度化」を、ふくらませた。自治体経営を、全体としてみると、財政課は、経常費のちまちました削減に、腐心しているが、一方、人事給与課は、壮大な無駄を、創出している。今日でも、この宿弊は、健在であり、政策・戦略なき、人事給与行政の悲劇である。

第5に、自治体は、フラット化された、給与体系のもとで、年功序列方式で、人事を運営してきたため、自治体は、慢性的な管理職ポストの不足に見舞われた。

　自治体は、平等主義で採用し、採用後に、競争選抜主義を、採用しているので、管理職は、おおくなる。そのためポストを乱造し、行政効率の低下をきたすという、二重の弊害に、見舞われている。

　府県では副課長、課長補佐、係長、主任といった、縦系列でポストをつくっているが、市町村は、課・係の細分割という、横系列でポストを創設している。それでも不足する分は、外郭団体への異動などで、補填している。

　しかし、いくらポストをつくっても、追いつくことはできない。無理やりポストをつくり、管理職にすえるが、能力のない課長がきて、給料だけ高いだけでは、職員の勤労意欲が低下し、マイナスの効果が測りしれない。どうしても人事評価が、実効性のある、合理的な水準になければならないが、最低でも10年はかかる。

　現実的には、担当者もふくめて、行政の高度に対応して、専門職化を図っていくため、特定部局人事を長期化し、職員の職務への満足感を、涵養することで、ポストレス時代に対応すべきである。

　第6に、給与体系で、年功序列賃金を打破しても、人事が連動して、能力ある人材を、管理職に任用できなければ、給与再編成は、水泡に帰する。年功序列方式と職務成果方式との対立ではなく、客観的合理性のある人事が、行われているかである。

　戦後、地方公務員給与の上下格差は、縮小の一途をたどっていったが、上下格差縮小の給与は、公務員の生活安定には、寄与したが、行財政改革へのインセンティブと、なったとはいえない。

　改革の牽引要素は、給与でなく、世論であり、市民参加であり、現場職員の熱意、首長のリーダシップ、さらに中央省庁の行政介入など、さまざま要素であった。本来は、職員が牽引力となり、日常的改善・改革が遂行されるのが、理想である。

Ⅳ　地方公務員給与の適正化

　自治体は、職員改革を実現する、職場環境の醸成に努力するとともに、情報を開示して、市民の行政参加を刺激し、市民・職員の共同作業で、行財政改革をすすめる、システムをつくりだすことである。
　給与体系における生活給は、比較的簡単である。非正規職員の正規化で、給与の底上げを図っていけばよい。その代わり、職務給の給与体系をめざし、給与表に傾斜をつければよい。しかし、職務給と職階制が、連動して効果を、発揮することは、容易でない。
　第1に、人事評価は、なんのために行われているのかである。まず「昇給・昇進の評価基準（材料）」のためで、昇任基準の確保である。つぎに「行財政改革の検証（目標の設定）」のためで、職員に改革・勤労へのインセンティブを、与えるためである。
　さらに「自己実現も充足（モチベーションの刺激）」で、経済的給付でなく、組織のなかでの自己の存在価値の形成である。したがって個人業績評価方式でなければならない。
　第2に、能力成果主義というが、能力とは何かで、行財政改革・改善提案能力であり、実施能力としては、職員統率力・調整交渉力・課題対応力などさまざまである。成果主義というが、成果とは事務事業の費用効果分析であり、事務事業収支である。
　短絡的評価は、人事の乱れを誘発する、補助金で箱物を建設しても、利用されなければ、費用効果は、マイナスである。したがって費用効果分析の評価システムの高次化が、不可欠の前提条件となる。能力・成果主義をふまえて、実績評価を、個人人事データとして、蓄積し、人事は、この実績履歴にそって、行われなければならない。
　現在の人事課に、業績記録はなく、異動と等級の履歴しかなく、風評による人事情報で、昇進も行われている。これでは職務給の導入などできない。長期的戦略で、業績情報の蓄積システムから、まずはじめるしかない。
　第3に、各職員が、年度はじめに目標設定をして、年度末にその達成度を、評価する方式で、実績を評価の材料とする。その実績を積み重ね、短期でな

く、長年の業績評価をベースにして、人事が行われているシステムを、定着させていく。実績評価には、交渉力・調整力・情報収集力・統率力など、さまざまの能力が、凝縮されている。

　人事課は、個別職員ごとに業績評価調書を記録して、給与・人事のベースにすべきである。要するに業績に関する履歴を、個別職員が、整備して、人事課は、過大評価されがちな、自己申告調書を、複眼的評価で、適正に審査し、昇進を決定すべきである。勤務評定の評点より、自由評価欄の記述の重視に、真の評価がひそんでいる。

　第４に、業績評価の方式・手続である。外部環境・内部条件など、さまざまの要素が複合して、個人業績となっている。したがってどこまでが、個人能力の成果か、当該セクターの合同成果などかの、見極めが大事である。

　また行政は、一般的に課長・係長・担当職員のチームプレイで、だれが発案し、調整し、実現させたかの、記録がなければ、無能な課長のもとの、有能な係長の評価が、埋没してしまう。

　さらに外部・内部環境の個人実績への影響も、無視できない。たとえば税務課長の評価で、税収が伸びても、好景気であれば、当然で、当該課長の能力結果ではない。減収となっても、不景気であれば、当然で、無能力の証明とはならない。

　第５に、実績評価の人事で、卓抜した政策形成・実施手腕をもった、地方公務員創出の可能性が高まるが、それでも行政風土が、閉鎖的硬直化していれば、折角の職員による改革も、提案すらできない。

　首長のリーダシップが、叫ばれているが、いくら卓抜した能力をもった、首長であっても、その政策を、実施するのは、現場の個々の職員である。すなわち政策が、成果をあげるには、トップダウンとボトムアップとの、往復運動によって、はじめて成立する。

　首長には、都合のよい情報しか、提供されない。独創的と独断的とは、紙一重であり、首長の方針が、誤っている場合、誤謬訂正が効くには、底辺の情報が、頂点に届く、回路が円滑に、稼動しなければならない。

Ⅳ 地方公務員給与の適正化

　地方公務員改革といっても、個々の職員が、勤労意欲・政策認識をもって、行政サービスに従事できる、環境がなければ、成果はあがらない。要するに当該自治体の行政風土が、きわめて重要な要素である。

　第6に、勤労意欲は、給与でなんとかなるが、政策能力は、公務員意識の改革がなければ、不可能である。それぞれの現場で、必ず課題があり、それを克服するため、どうすればよいかという、職員が認識をもって、課題に挑戦すれば、勤労意欲・奉仕精神は、おのずと涵養される。

　限られた財源・マンパワーの枠組みで、保育所を増設し、待機児童を、解消するにはどうすればよいか。市民感覚で、職員が発案し、首長・幹部が、明確な評価基準で選択し、実施するか、どうかを決定するのが、オーソドックなシステムである。

　ただ実施するにしても、市立保育所を、民間保育所に転換するには、さまざまの隘路の解消のための、行政能力が試される。政策立案能力より、政策実施能力が、決め手である。このような職員の事業実績を、反映させるような、人事・給与システムでなければならない。

　自治体の改革には、首長のリーダシップが、必要条件であるが、職員が自己の能力を自分に発揮できる、行政風土・給与体系・人事システムが、十分条件である。

　首長の施策は、しばしば誤る。そして今日、首長が華々しく実施している、改革のおおくは、職員が提案したが、握りつぶされた改革である。要するに市民的理性を、どれだけ体感し、献身性を発揮できるかで、公務にたずさわる人々の価値は決まるのである。

注
(1) 非正規職員・臨時職員の賃金・雇用については、4つの偽装があると、上林陽治氏はいわれている。第1は、偽装「非常勤」で、勤務時間は正規職員とおなじ、第2は、偽装「非正規」で、正規職員とおなじ業務を分担している。第3は、偽装「有期」である。短期雇用の継続である。第4は、偽装「雇止め」である。「民間の労働契約関係であれば、長年にわたり契約期間を更新しつづけた後の雇止めは解雇と

みなされ、それが不当であれば解雇に準ずる雇止めそのものが無効となる。しかし、このような法的保護は公務の有期任用職員である非正規職員には適用されない。民間ならば解雇とみなされる雇止めが、公務世界では漫然と行われ、法的な保護もない。つまり『雇止め』を装った解雇権の濫用なのである」(上林陽治『非正規公務員』2頁)といわれている。
(2) 非正規職員・臨時職員に関する訴訟については、おおくの判決が上林・前掲「非正規公務員」に紹介されている。
(3) 国の非常勤職員は、制度上、任期は1日単位され、特段の事情がないかぎり、任期予定期間中は、自働更新されるが、解雇も可能であり、不安定な地位にあった。改正は、3年間の期限で雇用を保証し、解雇されない制度を創設した。「ある職が臨時的任用によってまかなうには存続期間が長すぎるが、数年以内には廃止されることが予定されているというような場合、事前に期限付任用の対象となる者の十分な了解をとった上で、一定の期間を限って任用することができると考えられる。………人事院規則8-12(職員の任免)の15条の2は、………3年以内に廃止される予定の官職や特別の研究事業に係る5年以内に終了する予定の研究業務について特例を市認めることができることにしているが、地方公務員にはこのような制度はなく、地公法の解釈に委ねられている」(橋本勇『地方公務員法講義(第2次改訂版)812頁』)といわれている。政府は、法律を制定して、一応の解決を図ったといえる。「地方公共団体の一般職の任期付職員の採用に関する法律」(平成14年5月28日、法律第48号)参照。
(4) 間接雇用のワーキングプアーについては、白石孝「官製ワーキングプアーと外部委託」『ガバナンス』2011年3月号、23～25頁参照。
(5) 「非正規労働者」について、「いつの間にか自治体職場には、非正規職員が増えています。非正規職員がいなければ、行政サービスは、一日たりとも回りません。非正規職員は、雇用不安、低賃金でも、よいサービスを提供しようと一生懸命に働いています。その存在をないがしろにすることは、行政サービスそのものをないがしろにすることです。しかし、自治体は彼女ら彼らの働きに報いているでしょうか」(自治労『臨時・非常勤等職員の実態調査報告』ダイジェスト版、2009年3月)と、自治体の怠慢を批判している。
(6) 自治労報告書の改善事項は、「非正規職員を自治体行政も重要な戦力として正しく位置づける」「正規職員、常勤的非正規職員、その他の非正規職員の役割を定める」「非正規職員を労働組合に組織する」「非正規職員の雇用を安定させる」「よい仕事ができる賃金・労働条件を確保する」「パート労働法の趣旨が公務職場(自治体)にも貫徹されるべきである」という6項目である。
(7) この荒川区非常勤職員への改善措置の問題については、大谷基道「地方自治体における非正規雇用の現状」(『年報自治体学第21号』、以下、大阪・前掲「非正規雇用」)に詳しく論じられているので、概要を紹介しながら、筆者の見解をのべてみた。
(8) 非正規職員の待遇は、「勤務時間が正規職員の4分の3(週30時間)であるだけで、従事する業務内容は正規職員とほぼ同様であるだけにもかかわらず、非常勤職員の

IV　地方公務員給与の適正化

報酬は、年齢・経験に関係なく一律であり、通勤手当以外の各種手当や期末・勤勉手当は支給されない。また、任用期間が1年のため長期継続雇用の保証がなく、また継続雇用を前提としていないため昇給の概念もなく、更新を重ねてトータル10年、20年の勤続となっても月額報酬は1年目と同額のままであった」（大谷・前掲「非正規雇用」139頁）といわれている。

(9) なお大谷氏がまとめた、総務省の見解は、「地公法上、非常勤職員は、補助的業務で1年以内の任用を前提としている。今回のような、長期継続雇用を前提とするような制度は法の想定外である。職のニーズがあるのであれば、まず正規職員の採用を考えるべきである。そこまで長期的なニーズがなければ任期付職員を、フルタイムのニーズでなければ任期付短時間勤務職員を活用すれば良い。………十分な法制の整備を行い．自治体のニーズに対応できるようにしたので、現在では、長期継続雇用を認めることはできない」（同前 142〜143頁）との見解である。しかし、任期付職員制度では、自治体の長期雇用という、雇用ニュースに応えられないし、基幹業務であれば、正規職員採用では、自治体の人件費抑制のニーズに対応できない。自治体の弾力的柔軟性の対応と、政府の制度・原則重視のギャップは大きい。

(10) 筆者の経験では、神戸市の税制課調査係長（昭和43・44年）のとき、給与所得税源泉徴収者へ支払っていた、違法的な特別徴収交付金4,000万円を廃止した。また企業誘致政策として、海面埋立地への2億円固定資産税減免廃止も実施した。前者が可能となったのは、勤労福祉基金を創設して、民間勤労者への福祉に充当するという、妥協策であり、当時、反対していた上層部を、不在校閲という手段で、直接、市長決済をえた、緊急避難的行為であった。後者は、企業サイドも、減免を期待して、埋立地を買収し、工場建設をすすめた。しかし、地価は暴騰し、含み益はきわめて大きな状況になった。さいわい条例で決定した措置でなく、内規での優遇措置であり、有名な北海道釧路判決があり、工場誘致条例の租税優遇措置は、企業のたんなる期待権であるにすぎず、行政サイドが廃止すれは、期待権は消滅するという、行政勝訴の判決であった。この社会的風潮からみて、神戸市でも廃止はできるとの決断をした。当然、市長決済は、必要であったが、毎年、市議会の決算委員会では、革新系議員から、廃止を追求されていたいので、係長レベルの判断で、発案し決済をえることができた。このような長年、放置されていた施策変更を、可能とする、行政風土が、当時の神戸市にはあった。なお神戸市の人事記録には、このような行政実績を、昇格人事の材料とするシステムは、なかったし、今日でもないであろう。

(11) アメリカの地方公務員の人事給与制度の運用については、高寄昇三「アメリカ地方自治の実際」（財）神戸都市問題研究所『都市政策』（第58号、平成元年12月）、イギリスについては、高寄昇三『現代イギリスの地方自治』（平成8年12t月、勁草書房）159〜164頁。

(12) 西村・前掲「給与政策」291頁。

(13) 地方待遇職員は、本来の府県官吏嘱託雇以外に、「地方土木職員制」（大正9年8月10日、勅令第226号）が、はじまりであるが、そのご地方産業・建築・警察・

社会事業・衛生・社会教育・防疫職員制で、全事業分野で創設されていった。非常勤職員でなく、正規職員であったが、府県官吏嘱託雇が、国の国庫金で支弁されていたが、地方待遇職員は府県負担であったが、財源は府県費・補助金・措置費などさまざまであった。昭和10年度府県官吏嘱託雇7万2,744人（俸給4,290万円）、地方待遇職員2万4,336人(2,189万円)で、府県官吏等の約半分であった。しかし、17年度には558人(58万円)に激減している。高寄昇三『昭和地方財政史第2巻』（公人の友社・2011年）表12・13参照。

参考文献

第1章

西村美香『日本の公務員給与政策』東大出版会　1999年
高寄昇三『自治体人件費の解剖』公人の友社　2003年
高寄昇三『地方財政健全化法で財政破綻は阻止できるか』公人の友社　2008年
熊谷俊人『公務員ってなんだ？』ワニブックス　2012年

第2章

山本正憲『地方公務員の人件費研究』ブイツーソリューション　2008年
総務省『平成24年版地方財政白書』2012年
総務省『平成23年版地方公務員給与の実態』2012年

第3章

今井　照『自治体のアウトソーシング』学陽書房　2006年
布施哲也『官製ワーキングプア』七つ森書館　2008年
大谷基道「地方自治体における非正規雇用職員の現状」『自治体のコンプライアンス（年報自治体学会第21号）』第一法規　2008年
藤井宏一「高齢者の雇用・採用に関係する調査結果」独立行政法人労働政策研究・研修機構2010年
藤田和恵『ルポ　労働格差とポヒュリズム　大阪で起きていること』岩波ブックレット858　岩波書店2012
上林陽治『非正規職員』日本評論社2012年
鵜養幸雄「「非正規」な公務員という存在」『政策科学19巻3号』立命館大学政策学紀要197～224項　2012年

第4章

高寄昇三『現代イギリスの地方自治』勁草書房　1996
高寄昇三『自治体の行政評価システム』学陽書房　1999
高寄昇三『新地方自治の経営』学陽書房　2004

【著者紹介】

高寄　昇三（たかよせ・しょうぞう）
1934年神戸市に生まれる。1959年京都大学法学部卒業。
1960年神戸市役所入庁。
1975年『地方自治の財政学』にて「藤田賞」受賞。1979年『地方自治の経営』にて「経営科学文献賞」受賞。
1985年神戸市退職。甲南大学教授。
2003年姫路獨協大学教授。2007年退職。
著書・論文
『市民自治と直接民主制』、『地方分権と補助金改革』、『交付税の解体と再編成』、『自治体企業会計導入の戦略』、『自治体人件費の解剖』、『大正地方財政史上・下巻』、『昭和地方財政史第1巻・第2巻』、『政令指定都市がめざすもの』、『大阪都構想と橋下政治の検証』、『虚構・大阪都構想への反論』、『大阪市存続・大阪都粉砕の戦略』、『翼賛議会型政治・地方民主主義への脅威』（以上公人の友社）、『阪神大震災と自治体の対応』、『自治体の行政評価システム』、『地方自治の政策経営』、『自治体の行政評価導入の実際』『自治体財政破綻か再生か』（以上、学陽書房）』、『明治地方財政史・I～V』（勁草書房）、『高齢化社会と地方自治体』（日本評論社）など多数

山本　正憲（やまもと・まさのり）
1959年岡山県児島市（現倉敷市）に生まれる。1984年大阪市立大学法学部卒業。
1984年堺市役所入庁。
2000年同志社大学大学院総合政策科学研究科博士前期課程修了、2007年三重中京大学大学院政策科学研究科博士後期課程修了、2007年博士（政策科学）学位取得、現在堺市職員、三重中京大学地域社会研究所研究員、自治体学会会員、日本行政学会会員、日本公共政策学会会員
著書・論文
「地方自治体職員の福利厚生制度」『年報自治体学19』2006年（自治体学会2005年度公募論文入選作）。『日本の地方公務員の人件費研究 - 地方分権時代における給与と福利厚生費の公民均衡のあり方を焦点に -』ブイツーソリューション2008年（2012年度 自治体学会 研究論文賞受賞）。
その他論文多数。

地方自治ジャーナルブックレット No.62
地方公務員給与は高いのか
非正規職員の正規化をめざして

2013年3月21日　初版発行

著　者　　高寄　昇三・山本　正憲
発行人　　武内　英晴
発行所　　公人の友社
　　　　　〒112-0002　東京都文京区小石川5−26−8
　　　　　TEL 03-3811-5701
　　　　　FAX 03-3811-5795
　　　　　Eメール　info@koujinnotomo.com
　　　　　http://koujinnotomo.com/
印刷所　　倉敷印刷株式会社
ISBN978-4-87555-618-3

[私たちの世界遺産]

No.1 持続可能な美しい地域づくり
五十嵐敬喜他 1,905円

No.2 地域価値の普遍性とは
五十嵐敬喜・西村幸夫 1,800円

No.3 世界遺産登録・最新事情
長崎・南アルプス
五十嵐敬喜・西村幸夫 1,800円

No.4 新しい世界遺産の登場
南アルプス [自然遺産] 九州・山口 [近代化遺産]
五十嵐敬喜・西村幸夫・岩槻邦男・松浦晃一郎 2,000円

[別冊] No.1 ユネスコ憲章と平泉・中尊寺
供養願文
五十嵐敬喜・佐藤弘弥 1,200円

[別冊] No.2 平泉から鎌倉へ
鎌倉は世界遺産になれるか?!
五十嵐敬喜・佐藤弘弥 1,800円

[自治体〈危機〉叢書]

自治体財政破綻の危機・管理
加藤良重 1,400円

政策転換への新シナリオ
小口進一 1,500円

好評発売中！

国立景観訴訟
自治が裁かれる

編著
五十嵐敬喜
(法政大学教授・弁護士)
上原公子
(元国立市長)

政治家が信念を持って行った「政策変更」で個人責任を問われるならば、この国に政治家はいなくなってしまう！

元国立市長・上原公子が「明和マンション」をめぐる景観訴訟に関連し、国立市に損害を与えたとして約3000万円の賠償請求で訴えられている。なぜ上原は訴えられなければならないのか。本書はその原因を総合的に分析・検討する。
（はしがきより）

A5判・定価2,940円

成熟と洗練
日本再構築ノート

著
松下圭一
(法政大学名誉教授)

巨大借金、人口高齢化で「沈没」しつつある日本の政治・行政、経済・文化の構造再編をめざす〈市民政治〉、〈自治体改革〉、〈国会内閣制〉への展望をやさしく語る。あわせて半世紀以上つづいた自民党政治に同化したマスコミの《自民党史観》体質を鋭く批判。

この本は、2006年からポツポツ、若い友人たちとの議論に触発されながら、対話をまじえて、私自身の考え方をつづったものである。日本の「戦後」全体に話がおよんでいるので、若い世代の方々に、ぜひ目を通していただきたいと考えている。
（「まえがき」より）

四六判・定価2,625円

[都市政策フォーラムブックレット]

No.1 「新しい公共」と新たな支え合いの創造へ
渡辺幸子・首都大学東京 都市教養学部都市政策コース
900円（品切れ）

No.6 風の人・土の人
千賀裕太郎・白石克孝・柏雅之・福井隆・飯島博・曽根原久司・関原剛
1,400円

No.7 地域からエネルギーを引き出せ！
PEGASUS ハンドブック（環境エネルギー設計ツール）
監修：堀尾正靭・白石克孝、重藤さわ子・定松功・土山希美枝
1,400円

No.8 地域分散エネルギーと「地域主体」の形成
風・水・光エネルギー時代の主役を作る
編：小林久・堀尾正靭、著：独立行政法人科学技術振興機構社会技術研究開発センター「地域に根ざした脱温暖化・環境共生社会」研究開発領域・地域分散電源等導入タスクフォース
1,400円

No.2 景観形成とまちづくり
首都大学東京 都市教養学部都市政策コース
1,000円

No.3 都市の活性化とまちづくり
首都大学東京 都市教養学部都市政策コース
1,100円

[朝日カルチャーセンター地方自治講座ブックレット]

No.1 自治体経営と政策評価
山本清 1,000円

No.2 ガバメント・ガバナンスと行政評価
星野芳昭 1,000円（品切れ）

No.4 「政策法務」は地方自治の柱づくり
辻山幸宣 1,000円

No.5 政策法務がゆく
北村善宣 1,000円

[政策・法務基礎シリーズ]

No.1 自治立法の基礎
東京都市町村職員研修所
600円（品切れ）

No.2 政策法務の基礎
東京都市町村職員研修所
952円

[北海道自治研ブックレット]

No.1 市民・自治体・政治
再論・人間型としての市民
橋場利勝・中尾修・神原勝
1,200円

No.2 議会基本条例の展開
その後の栗山町議会を検証する
松下圭一 1,200円

No.3 福島町の議会改革
議会基本条例=開かれた議会づくりの集大成
溝部幸基・石堂一志・中尾修・神原勝
1,200円

[地方財政史]
高寄昇三著 各5,000円

大正地方財政史・上巻
大正デモクラシーと地方財政

大正地方財政史・下巻
政党化と地域経営
都市計画と震災復興

昭和地方財政史・第一巻
地域格差と両税委譲
分与税と財政調整

昭和地方財政史・第二巻
補助金の成熟と変貌
匡救事業と戦時財政

No.16 転換期における日本社会の可能性 維持可能な内発的発展
宮本憲一 1,100円

No.10 市場化テストをいかに導入するべきか
竹下譲 1,000円

No.11 市場と向き合う自治体
小西砂千夫・稲澤克祐 1,000円

[TAJIMI CITY ブックレット]

No.2 転型期の自治体計画づくり
松下圭一 1,000円

No.3 これからの行政活動と財政
西尾勝 1,000円

No.4 構造改革時代の手続的公正と第二次分権改革
鈴木庸夫 1,000円

No.5 自治基本条例はなぜ必要か
辻山幸宣 1,000円

No.6 自治のかたち、法務のすがた
天野巡一 1,100円

No.7 自治体再構築における行政組織と職員の将来像
今井照 1,100円

No.8 持続可能な地域社会のデザイン
植田和弘 1,000円

No.9 「政策財務」の考え方
加藤良重 1,000円

[地域ガバナンスシステム・シリーズ]（龍谷大学地域人材・公共政策開発システム・オープン・リサーチ・センター(LORC)…企画・編集）

No.1 地域人材を育てる自治体研修改革
土山希美枝 900円

No.3 暮らしに根ざした心地よいまちづくりのためのガイドブック
編：龍谷大学地域人材・公共政策開発システム・オープン・リサーチ・センター(LORC) 1,100円

No.4 持続可能な都市自治体づくりのためのガイドブック
編：龍谷大学地域人材・公共政策開発システム・オープン・リサーチ・センター(LORC) 1,100円

No.5 英国における地域戦略パートナーシップ
編：白石克孝、監訳：的場信敬 900円

No.6 マーケットと地域をつなぐパートナーシップ
編：白石克孝、著：園田正彦 1,000円

No.7 政府・地方自治体と市民社会の戦略的連携
的場信敬 1,000円

No.8 多治見モデル
大矢野修 1,400円

No.9 市民と自治体の協働研修ハンドブック
土山希美枝 1,600円

No.10 行政学修士教育と人材育成
坂本勝 1,100円

No.11 アメリカ公共政策大学院の認証評価システムと評価基準
早田幸政 1,200円

No.12 イギリスの資格履修制度資格を通しての公共人材育成
小山善彦 1,000円

[生存科学シリーズ]

No.2 再生可能エネルギーで地域がかがやく
秋澤淳・長坂研・小林久 1,100円

No.3 小水力発電を地域の力で
小林久・戸川裕昭・堀尾正靱 1,200円

No.4 地域の生存と社会的企業
柏雅之・白石克孝・重藤さわ子 1,200円

No.5 地域の生存と農業知財
澁澤栄・福井隆・正林真之 1,000円

No.14 炭を使った農業と地域社会の再生 市民が参加する地球温暖化対策
井上芳恵 1,400円

No.15 対話と議論で〈つなぎ・ひきだす〉ファシリテート能力育成ハンドブック
土山希美枝・村田和代・深尾昌峰 1,200円

No.16 「質問力」からはじめる自治体議会改革
土山希美枝 1,100円

No.64	分権時代における地域経営	見田全	700円
No.65	町村合併は住民自治の区域の変更である	瀬戸亀男	800円
No.66	自治体学のすすめ	森啓	800円
No.67	市民・行政・議会のパートナーシップを目指して	田村明	900円
No.69	新地方自治法と自治体の自立	松山哲男	700円
No.70	分権型社会の地方財政	井川博	900円
No.71	自然と共生した町づくり 宮崎県・綾町	神野直彦	1,000円
No.72	情報共有と自治体改革	森山喜代香	700円
No.73	地域民主主義の活性化と自治体改革	片山健也	1,000円
No.74	分権は市民への権限委譲	山口二郎	900円
		上原公子	1,000円
No.75	今、なぜ合併か	瀬戸亀男	
No.76	市町村合併をめぐる状況分析	高木健二	800円
No.78	ポスト公共事業社会と自治体政策	小西砂千夫	800円
No.80	自治体人事政策の改革	五十嵐敬喜	800円
No.82	地域通貨と地域自治	森啓	800円
No.83	北海道経済の戦略と戦術	西部忠	900円 (品切れ)
No.84	地域おこしを考える視点	宮脇淳	800円
No.87	北海道行政基本条例論	矢作弘	700円
No.90	「協働」の思想と体制	神原勝	1,100円
No.91	三鷹市の様々な取組みから 協働のまちづくり	森啓	800円
No.92	シビル・ミニマム再考	佐藤克廣	800円
		秋元政三	700円
		松下圭一	900円
No.93	市町村合併の財政論	高木健二	800円
No.95	市町村行政改革の方向性	佐藤克廣	800円
No.96	創造都市と日本社会の再生	佐々木雅幸	900円
No.97	地方政治の活性化と地域政策	山口二郎	800円
No.98	多治見市の総合計画に基づく政策実行	西寺雅也	800円
No.99	自治体の政策形成力	森啓	700円
No.100	自治体再構築の市民戦略	松下圭一	900円
No.101	維持可能な社会と自治体	宮本憲一	900円
No.102	道州制の論点と北海道	佐藤克廣	1,000円
No.103	自治基本条例の理論と方法	神原勝	1,100円
No.104	働き方で地域を変える	山田眞知子	800円 (品切れ)
No.107	公共をめぐる攻防	樽見弘紀	600円
No.108	三位一体改革と自治体財政	岡本全勝・山本邦彦・北良治	
No.109	連合自治の可能性を求めて	逢坂誠二・川村喜芳	1,000円
No.110	「市町村合併」の次は「道州制」か	松岡市郎・堀則文・三本英司・佐藤克廣・砂川敏文・北良治他	1,000円
No.111	コミュニティビジネスと建設帰農	森啓	900円
No.112	「小さな政府」論とはなにか	松本懿・佐藤吉彦・橋場利夫・山北博明・飯野政一・神原勝	1,000円
No.113	栗山町発・議会基本条例	牧野富夫	700円
No.114	北海道の先進事例に学ぶ	橋場利勝・神原勝	1,200円
No.115	地方分権改革の道筋	宮谷内留雄・安斎保・見野全・佐藤克廣・神原勝	1,000円
		西尾勝	1,200円

[地方自治土曜講座ブックレット]

No.1 現代自治の条件と課題
神原勝　900円　（品切れ）

No.5 法学の考え方・学び方
イェーリングにおける「秤」と「剣」
富田哲　900円

No.6 今なぜ権利擁護か
ネットワークの重要性
高野範城・新村繁文　1,000円

No.7 小規模自治体の可能性を探る
保母武彦・菅野典雄・佐藤力・竹内是俊・松野光伸　1,000円

No.8 小規模自治体の生きる道
連合自治の構築をめざして
神原勝　900円

No.9 文化資産としての美術館利用
地域の教育・文化的生活に資する方法研究と実践
辻みどり・田村奈保子・真歩仁しょうにん　900円

No.2 自治体の政策研究
森啓　600円

No.10 自治体デモクラシーと政策形成
山口二郎　500円　（品切れ）

No.22 地方分権推進委員会勧告とこれからの地方自治
西尾勝　500円　（品切れ）

No.26 地方分権と地方財政
横山純一　600円　（品切れ）

No.27 比較してみる地方自治
田口晃・山口二郎　600円　（品切れ）

No.28 議会改革とまちづくり
森啓　400円　（品切れ）

No.33 ローカルデモクラシーの統治能力
山口二郎　400円　（品切れ）

No.34 政策立案過程への戦略計画手法の導入
佐藤克廣　500円　（品切れ）

No.39 「近代」の構造転換と新しい「市民社会」への展望
今井弘道　500円

No.41 少子高齢社会の自治体の福祉
加藤良重　400円

No.42 改革の主体は現場にあり
山田孝夫　900円

No.43 自治と分権の政治学
鳴海正泰　1,100円

No.44 公共政策と住民参加
宮本憲一　1,100円

No.45 農業を基軸としたまちづくり
小林康雄　800円

No.46 これからの北海道農業とまちづくり
篠田久雄　800円

No.47 自治の中に自治を求めて
佐藤守　1,000円

No.48 介護保険は何をかえるのか
池田省三　1,100円

No.49 介護保険と広域連合
大西幸雄　1,000円

No.50 自治体職員の政策水準
森啓　1,100円

No.51 分権型社会と条例づくり
篠原一　1,000円

No.52 自治体における政策評価の課題
佐藤克廣　1,000円

No.53 小さな町の議員と自治体
室埼正之　900円

No.55 改正地方自治法とアカウンタビリティ
鈴木庸夫　1,200円

No.56 財政運営と公会計制度
宮脇淳　1,100円

No.57 自治体職員の意識改革を如何にして進めるか
林嘉男　1,000円　（品切れ）

No.59 環境自治体とISO
畠山武道　700円

No.60 転型期自治体の発想と手法
松下圭一　900円

No.61 分権の可能性
スコットランドと北海道
山口二郎　600円

No.62 機能重視型政策の分析過程と財務情報
宮脇淳　800円

No.63 自治体の広域連携
佐藤克廣　900円

No.38 まちづくりの新たな潮流
山梨学院大学行政研究センター 1,200円

No.39 ディスカッション三重の改革
中村征之・大森弥 1,200円

No.40 政務調査費
宮沢昭夫 1,200円

No.41 市民自治の制度開発の課題
山梨学院大学行政研究センター 1,200円

No.42 《改訂版》自治体破たん・「夕張ショック」の本質
橋本行史 1,200円

No.43 分権改革と政治改革
西尾勝 1,200円

No.44 自治体人材育成の着眼点
浦野秀一・井澤壽美子・野田邦弘・西村浩・三関浩司・杉谷戸知也・坂口正治・田中富雄 1,200円

No.45 シンポジウム障害と人権
橋本宏子・森田明・湯浅和恵・池原毅和・青木九馬・澤静子・佐々木久美子 1,400円

No.46 地方財政健全化法で財政破綻は阻止できるか
高寄昇三 1,200円

No.47 地方政府と政策法務
加藤良重 1,200円

No.48 政策財務と地方政府
加藤良重 1,400円

No.49 政令指定都市がめざすもの
高寄昇三 1,400円

No.50 良心的裁判員拒否と責任ある参加
市民社会の中の裁判員制度
大城聡 1,000円

No.51 討議する議会
自治体議会学の構築をめざして
江藤俊昭 1,200円

No.52【増補版】大阪都構想と橋下政治の検証
府県集権主義への批判
高寄昇三 1,200円

No.53 虚構・大阪都構想への反論
橋下ポピュリズムと都市主権の対決
高寄昇三 1,200円

No.54 大阪市存続・大阪都粉砕の戦略
大阪市民がつくる条例づくり
高寄昇三 1,200円

No.55「大阪都構想」を越えて
問われる日本の民主主義と地方自治
(社)大阪自治体問題研究所 800円

No.56 翼賛議会型政治・地方民主主義への脅威
地域政党と地方マニフェスト
高寄昇三 1,200円

No.57 なぜ自治体職員にきびしい法遵守が求められるのか
加藤良重 1,200円

No.58 東京都区制度の歴史と課題
都区制度問題の考え方
著：栗原利美、編：米倉克良 1,400円

No.59 七ヶ浜町（宮城県）で考える「震災復興計画」と住民自治
編著：自治体学会東北YP 1,400円

No.60 市民が取り組んだ条例づくり
市民が市長・職員・市議会とともにつくった所沢市自治基本条例
編著：所沢市自治基本条例を育てる会 1,400円

No.61 いま、なぜ大阪市の消滅か
大都市地域特別区法の成立と今後の課題
編著：大阪の自治を考える研究会 800円

No.62 地方公務員給与は高いのか
非正規職員の正規化をめざして
著：高寄昇三・山本正憲 1,200円

[福島大学ブックレット「21世紀の市民講座」]

No.1 外国人労働者と地域社会の未来
著：桑原靖夫・香川孝三、編：坂本恵 900円

No.2 自治体政策研究ノート
今井照 900円

No.3 住民による「まちづくり」の作法
今西一男 1,000円

No.4 格差・貧困社会における市民の権利擁護
金子勝 900円

[地方自治ジャーナルブックレット]

No.1 水戸芸術館の実験
森啓　1,166円（品切れ）

No.2 政策課題研究研修マニュアル
首都圏政策研究・研修研究会　1,359円（品切れ）

No.3 使い捨ての熱帯雨林
熱帯雨林保護法律家ﾈｯﾄﾜｰｸ　971円（品切れ）

No.4 自治体職員世直し志士論
童門冬二・村瀬誠　971円（品切れ）

No.5 行政と企業は文化支援で何ができるか
日本文化行政研究会　1,166円（品切れ）

No.6 まちづくりの主人公は誰だ
浦野秀一　1,165円（品切れ）

No.7 パブリックアート入門
竹田直樹　1,166円（品切れ）

No.8 市民的公共性と自治
今井照　1,166円（品切れ）

No.9 ボランティアを始める前に
佐野章二　777円

No.10 自治体職員の能力
自治体職員能力研究会　971円

No.11 パブリックアートは幸せか
山岡義典　1,166円（品切れ）

No.12 市民が担う自治体公務
ﾊｰﾄﾞﾌﾟﾗﾑ公務員論研究会　1,359円（品切れ）

No.13 行政改革を考える
山梨学院大学行政研究ｾﾝﾀｰ　1,166円（品切れ）

No.14 上流文化圏からの挑戦
山梨学院大学行政研究ｾﾝﾀｰ　1,166円

No.15 市民自治と直接民主制
高寄昇三　951円

No.16 議会と議員立法
上田章・五十嵐敬喜　1,600円

No.17 分権段階の自治体と政策法務
山梨学院大学行政研究ｾﾝﾀｰ　1,456円

No.18 地方分権と補助金改革
高寄昇三　1,200円

No.19 分権化時代の広域行政のあり方
山梨学院大学行政研究ｾﾝﾀｰ　1,200円

No.20 あなたの町の学級編成と地方分権
田嶋義介　1,200円

No.21 自治体も倒産する
加藤良重　1,000円（品切れ）

No.22 ボランティア活動の進展と自治体の役割
山梨学院大学行政研究ｾﾝﾀｰ　1,200円

No.23 新版 2時間で学べる「介護保険」
加藤良重　800円

No.24 男女平等社会の実現と自治体の役割
山梨学院大学行政研究ｾﾝﾀｰ　1,200円

No.25 市民がつくる東京の環境・公害条例
市民案をつくる会　1,000円

No.26 東京都の「外形標準課税」はなぜ正当なのか
青木宗明・神田誠司　1,000円

No.27 少子高齢化社会における福祉のあり方
山梨学院大学行政研究ｾﾝﾀｰ　1,200円

No.28 財政再建団体
橋本行史　1,000円

No.29 交付税の解体と再編成
高寄昇三　1,000円

No.30 町村議会の活性化
山梨学院大学行政研究ｾﾝﾀｰ　1,200円

No.31 地方分権と法定外税
外川伸一　800円

No.32 東京都銀行税判決と課税自主権
高寄昇三　1,200円

No.33 都市型社会と防衛論争
松下圭一　900円

No.34 中心市街地の活性化に向けて
山梨学院大学行政研究ｾﾝﾀｰ　1,200円

No.35 自治体企業会計導入の戦略
高寄昇三　1,100円

No.36 行政基本条例の理論と実際
神原勝・佐藤克廣・辻道雅宣　1,100円

No.37 市民文化と自治体文化戦略
松下圭一　800円

「官治・集権」から
「自治・分権」へ

市民・自治体職員・研究者のための
自治・分権テキスト
シリーズ

《出版図書目録 2013.3》

公人の友社

〒120-0002　東京都文京区小石川5-26-8
TEL　03-3811-5701
FAX　03-3811-5795
mail　info@koujinnotomo.com

● ご注文はお近くの書店へ
小社の本は、書店で取り寄せることができます。「公人の友社の『〇〇〇〇』を取り寄せてください」とお申し込みください。5日おそくとも10日以内にお手元に届きます。

● 直接ご注文の場合は
電話・FAX・メールでお申し込み下さい。
　TEL　03-3811-5701
　FAX　03-3811-5795
　mail　info@koujinnotomo.com

（送料は実費、価格は本体価格）